Erinnerungs-Blätter
eines badischen Soldaten an den
Russischen Feldzug
von 1812 bis 1813

Erinnerungs-Blätter

eines badischen Soldaten an den

Russischen Feldzug

von 1812 bis 1813

Süddeutsche Verlagsgesellschaft Ulm

Umschlagbild:
Aquarell von A. Hinzenegger

Kartennachweis:
Württembergische Landesbibliothek, graphische
Sammlung, Carte physique et politique de l'Europe par A.M.
Brué, Géographe de S.A.R. Monsieur, Paris 1821
(Ausschnitt).

Bei der Transkription wurden Zeichensetzung und
Rechtschreibung vom Tagebuch übernommen.

© Süddeutsche Verlagsgesellschaft Ulm

Gesamtherstellung:
Süddeutsche Verlagsgesellschaft Ulm
ISBN: 3-88 294-116-2
Offsetreproduktion:
Cannstatter Repro GmbH
Stuttgart-Bad Cannstatt

Vorwort

Während der Vorbereitungsarbeiten zur Landes-
ausstellung »Baden und Württemberg im Zeital-
ter Napoleons« war es für mich als Bearbeiter der
Abteilung »Militärwesen« nicht einfach, zusätz-
lich die Edition einer Quelle in die Hand zu
nehmen. Der ungemein fesselnde Inhalt und die
Aufmunterung durch Kollegen, denen ich Teile
des Tagebuchinhaltes vorlegte, haben mich
schließlich dazu bewogen, das Projekt in Angriff
zu nehmen.

Besonders danke ich an dieser Stelle Frau Irm-
gard Dillmann, geborene Holtzmann, aus Esslin-
gen am Neckar, der Ur-Urenkelin des Verfassers
Carl Sachs, die das Manuskript dem Württembergischen Landesmuseum als Ausstellungsob-
jekt und mir als historische Quelle mit der Aussicht sie zu publizieren, zur Verfügung stellte;
Herrn Professor Dr. Ernst Walter Zeeden, Tübin-
gen, für die Begutachtung des Manuskriptes;
Frau Gisela Brenke, die mein transkribiertes
Manuskript in Maschinenschrift umsetzte; Frau
Manuela Stirm und Herrn Peter Frankenstein, die
die Fotovorlagen für die Veröffentlichung erstellt
haben; Frau Petra Schuck und Herrn Christoph
Milde für die Ausstattung der historischen Land-
karte mit Vor- und Rückmarsch des Carl Sachs.
Nicht zuletzt sei der Süddeutschen Verlagsgesellschaft, insbesondere Herrn Udo Vogt, gedankt,
durch deren Engagement diese Veröffentlichung
ermöglicht wurde.

Einführung

Als sich 1806, nach Beendigung des dritten Koalitionskrieges im Frieden von Preßburg der Rheinbund als die Idee Napoleons von einem dritten Deutschland – neben Preußen und Österreich – herausbildete, trat auch das Großherzogtum Baden diesem Bündnis bei. Neben umfangreichen Reformen auf den Gebieten von Verwaltung, Staatsorganisation und Justiz nach französischem Vorbild, die durchaus als segensreich für Baden zu bezeichnen sind, verpflichtete der Rheinbundvertrag die einzelnen Partner zur Teilnahme an sämtlichen Kriegen des französischen Kaiserreiches. Bereits 1806/07 waren Rheinbundtruppen am Feldzug gegen Preußen beteiligt, dann folgten für Baden 1808 die Verpflichtung, Truppen nach Spanien zur Niederschlagung des dortigen Aufstandes zu entsenden, 1809 schließlich die Teilnahme am Krieg gegen Österreich und die Niederschlagung des Tiroleraufstandes sowie 1812 die Verpflichtung zur Teilnahme am Krieg gegen Rußland.

Um all diesen militärischen Verpflichtungen nachkommen zu können, setzte Baden durch umfangreiche militärische Reformen sein Militärwesen in modernen Stand. Die wichtigsten Bestandteile dieser Reformen nach französischem Vorbild waren die Einführung der Allgemeinen Wehrpflicht – wenn auch die Möglichkeit des Freikaufs oder der Stellung eines Stellvertreters

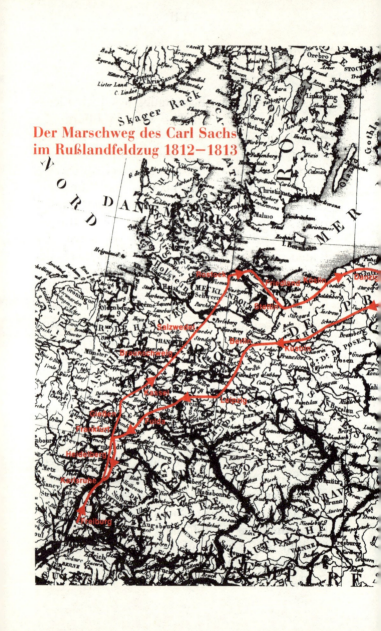

Der Marschweg des Carl Sachs
im Rußlandfeldzug 1812−1813

Smolensk

Witebsk

Orscha

Minsk

Kowno

Wilna

Königsberg

Allenburg

erhalten blieb –, die Neuorganisation des Artilleriewesens, eine Neubewaffnung, die das französische Vorbild anstrebte, strategische Reformen und schließlich auch Neuordnungen im Militärjustizwesen. Die alten Adelsprivilegien, die dem gebildeten Bürger einen Aufstieg in die Offizierslaufbahn vereitelten, machten einem neuen an Leistung orientiertem Beförderungssystem Platz. Das Söldnerheer aus der Zeit Friedrichs des Großen wich unter dem französischen Einfluß einem Bürgerheer, in dem auch der einfache Soldat als Individuum mit einem eigenen Ehrbegriff geachtet wurde. In dieser Umbruchzeit ist auch der Autor der »Erinnerungs-Blätter« badischer Soldat gewesen.

7166 badische Soldaten waren im Frühjahr 1812 nach Rußland gezogen; als sich das badische Kontingent am 30. Dezember 1812 in Marienwerder nach der Katastrophe des Feldzuges wieder sammelte, waren es noch zirka 155 Mann.

Carl Sachs wurde am 8. Mai 1785 in Karlsruhe als Sohn des badischen Kanzleirats Johann Theophorus Sachs geboren. Als er 20 Jahre alt war, verdingte er sich als Söldner in einem Schweizerregiment, das 1805 nach Spanien ausrückte. Dort kämpfte er auf spanischer Seite bis er 1810 in französische Kriegsgefangenschaft geriet. Scheinbar noch in Spanien, wurde er dem badischen Truppenkontingent zugegliedert, gelangte dann aber wieder in seine badische Heimat, von wo aus er im Februar 1812 in Richtung Rußland aus-

marschierte.[1] Nach seiner Rückkehr nahm er an
den Befreiungskriegen teil und starb 1834 als
badischer Major.

In der Person des Carl Sachs haben wir einen
typischen Repräsentanten des gebildeten Bürger-
tums vor uns, der von Hause aus eine hervorra-
gende Ausbildung mit auf den Weg bekommen
hatte. Dies ist deutlich am Stil des Tagebuches
und der späteren Beschäftigung mit namhafter
wissenschaftlicher Literatur zum Gegenstand des
Rußlandfeldzuges abzulesen. Diese Beschäftigung fand im Buch ihren Niederschlag in Form
von Anmerkungen, die er auf kleinformatiges
Papier geschrieben und datiert an den entspre-
chenden Stellen in das Tagebuch eingliederte.
Aber nicht nur aus dem Gesichtspunkt heraus,
daß die Entstehungsgeschichte und die Überar-
beitung dem Leser heute deutlich vor Augen stehen, sondern auch aufgrund des Entstehungsda-
tums des Tagebuches handelt es sich um eine
interessante Quelle zum Soldatenleben in der
napoleonischen Zeit. Zeitlich noch ungewöhnlich
dicht an den Ereignissen hat sich Carl Sachs um
die schriftliche Fixierung seiner Erlebnisse be-
müht.

Bereits 1816 entstand die Urfassung, die er 1828
in Form der erwähnten Anmerkungen überarbei-
tete. Wach hat der Autor die Geschehnisse um

---

[1] Über diesen Lebensabschnitt des Autors informiert eine kleinere
Briefsammlung, die mir leider nur in Form einer flüchtigen
Transkription zugänglich war; der Verbleib der Originaldoku-
mente war leider nicht zu klären.

sich beobachtet, hält sich aber mit der nachträglichen Beurteilung des Erlebten zurück, sein Bestreben ist tatsächlich, wie er es im eigenen Vorwort erwähnt, sich »einen wahren Blick in die Vergangenheit« (S. 2) zu gewähren.

Vergangenheitsbewältigung, Verarbeitung des schier Unglaubhaften, indem er es sich von der Seele schreibt. Obwohl er an den Befreiungskriegen als badischer Offizier teilnahm und die Stimmung nach 1814 in Deutschland antifranzösisch war, erscheinen in seinem Tagebuch keine düsteren Prophezeiungen; er hat nicht das Bestreben, sich hinterher zu denen zu rechnen, die behaupteten, bereits im Sommer 1812 die Katastrophe vorhergesehen zu haben. Zunächst ist der Rußlandfeldzug für Carl Sachs ein Feldzug wie jeder andere; die andere Dimension dieses Krieges scheint er nicht erfaßt zu haben, wie aus seiner Schilderung deutlich wird.

So ist der Marsch von Freiburg bis nach Polen für ihn eine amüsante und von amourösen Abenteuern begleitete Reise durch Deutschland. An den Quartieren interessierten ihn vor allem die Qualität des Weines, das Essen – und die schönen Mädchen. Er besucht Theateraufführungen und Bälle, er musiziert im Familienkreise seiner Quartiergeber, schreibt sich den hübschen Mädchen ins Stammbuch oder zeichnet ihnen Stickvorlagen. Als er in die Gegend von Dömitz an der Elbe kommt, erinnert er sich an den Schillschen Aufstand von 1809, aber nein, trotz der inzwischen gewandelten politischen Lage, sieht er in ihm nicht den Freiheitshelden, sondern eher pejorativ heißt es: »Hier trieb Schill sein Wesen eine Zeit lang.« (S. 5). In Rostock ist ihm vor allem »das schöne Lager von der früher hier gestandenen Französischen Armee« (S. 6) – neben Tinchen, der er einen Ring schenkte, in Erinnerung geblieben. Und noch einmal, nämlich in der Gegend von Marienburg wird sein Blick auf die Zustände gelenkt, die in engem Zusammenhang mit dem Krieg gegen Preußen von 1806/07 stehen: »Welcher Wohlstand muß hier vor dem Kriege gewesen seyn! Die Beschläge der Thüren und Fenster sind alle von Meßing und die Vorhangkloben verriethen den vorigen Schmuck der Vorhänge. – – « (S. 9). Noch 1812 oder gerade 1812 erkennt der Offizier die Folgen des Krieges, die in Form hoher Kontributionen auf Preußen seit dem Frieden von Tilsit lasteten und das nur, da zahlungsunfähig – um die Abtretung von Provinzen an Frankreich zu vermeiden – im Frühjahr 1812 einen Bündnisvertrag – nämlich die Stellung von 20 000 Soldaten – für den Rußlandfeldzug eingegangen war.

Wenige Zeilen später berichtet er von einem Streifkommando gegen »Gesindel, welches aus Polen kam« (S. 10), womit er zweifellos den von den preußischen Reformern angeregten Guerillakrieg meint – in zeitgenössischer deutscher Übersetzung als der Kleine Krieg bezeichnet – der unter Aufbietung der gesamten Volkskraft – ähnlich wie im Spanischen Aufstand gegen Napoleon seit 1808 – versucht, durch nervenaufreibenden Kleinkrieg, die fremden Besatzungstruppen aus dem Lande zu vertreiben. Diese Kriegsform, mit der Carl Sachs auch während seiner Zeit als Soldat in Spanien konfrontiert war, begegnet ihm auf diesem Feldzug immer wieder, sie machte Streifkommandos zur Beschaffung von Lebensmitteln zur lebensgefährlichen Angelegenheit.

Sein reportagehafter Schreibstil läßt an vielen Stellen Gegensätze zusammenprallen, die deutlich machen, daß er die Umbruchsituation seiner Zeit für sich noch nicht verarbeitet hat. »Wilna ist eine freundliche Stadt, die aber eine Menge Juden zu Bewohnern hat.« (S. 14). Wenige Zeilen weiter berichtet er beeindruckt von seinem Regimentskameraden Oberleutnant Schuster, der in einer Synagoge als Rabbiner »Juden-Gottesdienst« hielt. An anderer Stelle bedauert er, daß Juden, die sich gegen rigorose Requirierungsmaßnahmen gewehrt hatten, ihrer »wohlverdienten Rache« entgingen (S. 22).

Einerseits also Juden, denen er in der traditionellen Betrachtungsweise skeptisch gegenübertritt, andererseits der badische Regimentskamerad, der aufgrund der Judenemanzipation in dieser Zeit bereits zum badischen Oberleutnant aufgestiegen war und den er deshalb bewundert.

Fast gleichzeitig mit dem Betreten des russischen Bodens schlägt der Stil des Tagebuches in eine fast als surrealistisch zu bezeichnende Schilderung um, die in mehreren Höhepunkten auf dem chaotischen Rückzug der Grande Armée gipfelt.

Gleich hinter Kowno wird in Ermangelung eines Tisches auf der Totenbahre eines Dorfes die Mahlzeit eingenommen (S. 14). Die Straße in Richtung Smolensk, auf der er sich bewegt, ist von Pferdekadavern und Leichnamen übersät. Auf den Leser wirkt es angesichts der grauenvollen Situation wie eine nur allzu menschliche Schutzreaktion, wenn sich der Autor auf die unkommentierte Wiedergabe grausiger Fakten beschränkt: »Als wir auf eine halbe Stunde von Smolensk kamen war die Straße mit Leichen besäet, der Gestank unerträglich, das Aussehen der Todten äußerst widrig, denn die meisten waren schwarz von der Sonne gebraten.« (S. 15). Inmitten dieser Schrecklichkeit wird Quartier bezogen: »...in dem Häußchen, das wir uns zurecht machten, lag ein Cavallerist mit dem Vorderleib in einem Schopf; die Füße mit den großen Stiefeln strekte er in das enge dunkle Haußgängchen, so daß man jedes mal über ihn weg steigen mußte wenn man hinein wollte, und in einem Kämmerchen lag ein ganz verweßter Körper. Erst nach 2. Tagen hörten wir, daß wir länger hier bleiben sollten, nun gieng es erst an das Beerdigen der Leichname allenthalben, um wo möglich eine reinere Luft zu gewinnen.« (S. 15, 16). Auch der schonungslose Umgang mit russischem Kulturgut wird von ihm geschildert, obgleich im Text nicht getadelt, so fand er ihn doch für verewigenswert in dem Aquarell – das er einen A. Hinzenegger, wohl Regimentskamerad, zu zeichnen beauftragte: »Auch das Häuß-

chen unserer Stations Wache verdient Erwähnung. Der Eingang war von dem Tabernakel
eines Hof-Altars, die Seitenwände und das Dach
waren lauter Heiligen-Bilder aus Kirchen.«
(S. 16).

Wie der gewissenhaften Auflistung jedes Nacht-
quartieres zu entnehmen ist, gehörte das leichte
badische Infanteriebataillon, in dem Carl Sachs
Dienst tat, zur badischen Feldbrigade, die auf
dem Rußlandfeldzug nur bis Smolensk vorge-
drungen ist.[2] Dieses und andere Truppenteile der
Grande Armée hatten die Aufgaben, wichtige
Städte besetzt zu halten, Nachschubstraßen vor
streifenden Kosakenkorps zu schützen, dadurch
den Nachschub zu garantieren und die russische
Landschaft kartographisch zu erfassen. Mit letz-
terer Aufgabe war auch Carl Sachs und die ihn
umgebenden Offiziere betraut (S. 18). Das Betrei-
ben von Kartographie in der badischen Armee ist
wiederum für den heutigen Leser ein Indiz dafür,
wie sich gerade in napoleonischer Zeit das Ver-
ständnis des Kriegswesens und der Aufgabenstel-
lung im Offiziersberuf gewandelt hatte. Unter
dem französischen Einfluß begann sich das
Kriegshandwerk der alten Zeit zur Kriegswissen-
schaft der Moderne zu wandeln. Die oft bildungs-

---

[2] Vom badischen Kontingent rückte nur das Infanterieregiment
Nr. 2 (I. Bataillon mit 2 Geschützen) bis Moskau vor. So zu
entnehmen der Karte in: Unter dem Greifen. Altbadisches Militär
von der Vereinigung der Markgrafschaften bis zur Reichsgrün-
dung 1771–1871, hg. von der Vereinigung der Freunde des
Wehrgeschichtlichen Museums Schloß Rastatt e.V., Karlsruhe
1984, S. 64, 65.

feindlichen, von Privilegien begünstigten adligen
Offiziere der alten Zeit wurden durch gebildete
bürgerliche Offiziere mit oft universitärer oder
doch zumindest anderer wissenschaftlicher Ausbildung verdrängt, die ohne mit Privilegien aus-
gestattet zu sein, allein durch eigene Leistung
nach Karriere strebten. Die meisten Repräsentanten dieses modernen Offizierstyps findet man in
der Waffengattung der Artillerie, die sich durch
die Anwendung naturwissenschaftlicher Erkennt-
nisse und Methoden besonders deutlich, gerade in
dieser Zeit, fortentwickelte. Die berühmtesten
Beispiele dieses neuen Offizierstyps sind wohl
Napoleon selbst, der als niedriger korsischer Adli-
ger, dessen Land erst in seinem Geburtsjahr 1769
an Frankreich angegliedert wurde und der als
Kadett nur auf der bei den adligen Standeskolle-
gen weniger angesehenen Artillerieschule zu
Brienne einen Platz finden konnte, Gerhard
Scharnhorst, der sich auf der Kriegsschule Wilhelm von Bückeburgs seine artilleristischen
Kenntnisse erwarb und erst anläßlich seines
Übertrittes nach Preußen (1801) geadelt wurde,
Karl Kerner, der Bruder des Dichters Justinus
Kerner, der vom württembergischen König wegen
seiner Verdienste um die Hütten- und Eisenindu-
strie mit dem persönlichen Adel ausgezeichnet
wurde, und der badische Jäger-Offizier Johann
Baptist Lingg, der 1819 seiner Verdienste wegen
vom Kurfürst von Hessen geadelt wurde. Kartographie, Geometrie, Mathematik, Fortifikation
und Technisches Zeichnen waren die wichtigsten

Abschnitte einer soliden Offiziersausbildung und an der Bemerkung des Carl Sachs sieht man, daß die neuen Kenntnisse auch im Feld ihre Anwendung fanden.

Am 25. November traf das badische leichte Infanteriebataillon unweit der Beresina auf die Reste der von Moskau zurückflutenden Grande Armée. »Aber welch einen Anblick gewährte diese große Armee! – Eine große Maskerade war es; in welcher alle nur denkliche Trachten, auf das seltsamste gemischt, zu sehen waren;« (S. 26), so formuliert der Autor seinen ersten Eindruck; was war in der Zwischenzeit aus diesem waffenstarrenden Heer geworden, das in den Junitagen des Jahres 1812 den Njemen überschritten hatte! Die eindrückliche Schilderung ruft unwillkürlich Erinnerungen an den Bilderzyklus des württembergischen Artillerieoffiziers Faber du Faur wach, der die Ereignisse des Rußlandfeldzuges quasi als zeichnerisches Tagebuch festgehalten hat.[3] Der ausführlich geschilderte Beresina-Übergang, das Chaos, das Sterben und die widernatürlichen

---

[3] Christian Wilhelm von Faber du Faur (1780–1857) hielt während des Feldzuges seine Eindrücke in einem Skizzenbuch tagebuchartig fest. Das sich heute in amerikanischem Privatbesitz befindende Tagebuch diente ihm in den Jahren 1827–30 als Grundlage für einen 100 Blätter umfassenden Zyklus aquarellierter Federzeichnungen, heute in Besitz des Bayrischen Armeemuseums in Ingolstadt. In den Jahren 1831–43 wurden die Blätter lithographiert und erschienen, versehen mit Texten des Kriegskameraden F. von Kaussler, bei Autenrieth in Suttgart unter dem Titel: »Blätter aus meinem Portefeuille im Laufe des Feldzuges 1812 in Rußland an Ort und Stelle gezeichnet«. Das Werk Faber du Faurs stellt eine einzigartige Quelle zum Rußlandfeldzug dar.

Reaktionen der Menschen, die angesichts der Extremsituation noch daran denken, sich mit Gold und Silber aus den erbrochenen Regimentskassen zu bereichern, rufen immer und immer wieder die Bilder des württembergischen Offiziers ins Gedächtnis (S. 28). Aber auch Carl Sachs reagiert angesichts der extremen Situationen nicht so wie man erwartet: Während eines Sturmangriffes auf ein von Russen verteidigtes Wäldchen sieht er ein Buch im Schnee liegen, dessen Titel er sich im Laufen einprägt, »es waren Bürgers Gedichte« (S. 29), ohne, daß er darüber im Moment reflektieren kann – denn nur wenige Zeilen weiter schreibt er: ». . . hier standen die Rußen und ließen sich zusammen schießen, ohne uns viel Schaden thun zu können.« (S. 29) – ist er wieder ein Bürger, der in der Tradition der Aufklärungszeit erzogen wurde, einer geistigen Epoche also, die Weltbürgertum lehrte und durch Bildung den Menschen zum Guten hinführen wollte. Aufklärung und Vandalismus, Kultur und Unkultur berühren sich hier auf surreale Art und Weise.

Fast teilnahmslos schildert er die Geschichte seiner Verwundung bei dem eben erwähnten Sturmangriff. »Weil ich das warme Blut den Rücken hinunter laufen fühlte gieng ich zum Oberlieutenant Breßle . . . und fragte ihn, ob meine Wunde wohl von Bedeutung sey?« (S. 30).

Nach stundenlangem Warten endlich erreicht er mit seinem Burschen die Beresinabrücken, wo er einen bayerischen Chevauleger mit einem freien

Handpferd sieht. Vergebens versucht er, im Gedränge den Bayern zu erreichen, der scheinbar gewillt war, dem Verwundeten das Pferd abzutreten, »bis endlich mein Bursch mit Hülfe einer Axt, welche er von einem Wagen nahm, mir einen Weg bahnte.« (S. 32). Carl Sachs verleugnet nicht sein brutales Vorgehen in dieser Situation, wenig später ist seine Seelenstimmung aber schon wieder eine ganz andere: »Es war ein jammer voller Anblick, wenn mehrere Granaden in die dichte Maße einschlugen und platzten;« (S. 32).

Das alptraumhafte Geschehen um ihn beginnt ihn vollkommen in seinen Bann zu ziehen, er wird zum Teil der Masse, von der jeder nur das eine Ziel hat: Die Rettung des eigenen Lebens.

An mehreren Stellen (S. 42, 50f) seines Berichtes gesteht er offen, Lebensmittel von Kameraden gestohlen zu haben.

Doch den Gipfel des Grauens erlebt er an den nächtlichen Biwakfeuern, um die man sich wegen der extremen Kälte dicht drängt, während der beißende Rauch in die Augen stieg: »Andere waren blind, oder närrisch, die leztern sah man mit dem Feuer spielen und mit freundlicher Miene zusehen, wie die Kohlen ihnen die Hände verbrannten, die im höchsten Grad Zerrütteten beugten den Oberleib über das Feuer und liesen sich freundlich grinzend langsam braten.« (S. 43, 44). Ähnlich eindrucksvolle Szenen erlebte er in Wilna, als zum ersten Mal nach Wochen wieder eine Unterkunft und warmes Essen zur Verfügung stand und am Hügel von Ponari, gleich

hinter Wilna, wo man wegen des extremen Glatt-
eises Wägen, Kutschen und Kanonen zurücklas-
sen mußte: »... andere machten als sie sahen,
daß alles vergebens war, Feuer in ihre große
schöne Glaßwagen und wärmten sich noch einmal an ihrer letzten Hoffnung.« (S. 49).
Doch kaum liegt Rußland hinter ihm, schlüpft
Carl Sachs wieder in die Rolle des gebildeten
jungen Offiziers, doch nun ist es nicht das
schmucke Aussehen, sondern sein kurioser Auf-
zug – »er bestand in einer Pelzkappe, einem
Soldaten-Mantel, über welchem mein zerlöcher-
ter Kragen hing und in Soldaten-Pantalons; am
rechten Fuß hatte ich einen Filzschuh; der linke
aber war mit einem Schaaffell umwickelt, weil
mein Zehen nichts hartes leiden konnte;« (S. 58)
– und all das, was er den Leuten vom Untergang
der Grande Armée berichten kann, den Napoleon
in seinem 29. Bulletin[4], das auch in deutschen
Zeitungen abgedruckt wurde, eingestand. Fast
wie ein Zitat aus diesem Dokument wirkt eine
undatierte Anmerkung des Verfassers, in der er
behauptet, Napoleon am Tage seines Abmarsches
nach Paris gesehen zu haben: »Auf diesem
Ma[r]sch sah ich Napoleon ohngefähr zwei Stunden von Smorgoni ... sein Außehen war frisch
und heiter.« (S. 40).
Doch dann bricht er mit Kameraden auf, mietet
Kutschen und versucht, so schnell wie möglich

---

[4] In deutscher Übersetzung auch abgedruckt in: E. Kleßmann
(Hg.), Napoleons Rußlandfeldzug in Augenzeugenberichten,
Düsseldorf 1964, S. 318–325.

räumliche Distanz zwischen sich und dieses Land zu bringen; kurz sind die Eintragungen in seinen Erinnerungen, wirken recht gehetzt, in Wittenberg nimmt er sich Zeit, das Luthergrab zu besuchen, in Lützen besucht er den Gedenkstein Gustav Adolfs, der dort 1632 gefallen war und reist dann, in abendlichen kulturellen Veranstaltungen Zerstreuung suchend, so schnell als möglich zu seiner Familie nach Karlsruhe.

Ähnlich banal, wie auch das legendäre 29. Bulletin, mit dem Satz endet: »Die Gesundheit Sr. Majestät [d. i. Napoleon] war nie besser«, bricht auch sein eindrücklicher Bericht mit dem Satz ab: »In der anhaltenden Thätigkeit, welche unsere Geschäfte erforderten, fühlten wir uns recht gesund; auch ließen wir an den Ruhetagen auf Bällen und bei sonstigen Lustbarkeiten es uns recht wohl seyn.«

Stuttgart, im März 1987

Michael Sauner

Erinnerungs = Blätter

an den

Russischen Feldzug

von

1812. bis 1813.

Vorwort

Nach meiner Rückkehr aus Spanien mußte ich oft bedauern, daß ich die Orte welche ich auf diesem beinahe 6. Jährigen Zuge berührte, nicht aufgezeichnet hatte. Deßhalb schrieb ich mir gleich beim Ausmarsch in den Russischen Feldzug jedes Nachtquartier auf, und bemerkte meistens nur kurz deßen Beschaffenheit, zur einstigen beßeren Erinnerung an die verschiedene Art der Aufnahme, die erlebten Freuden und geknüpften Freundschaften. So entstanden diese Blätter; anfangs aus Mangel an merkwürdigen Ereignißen fast nur Ortsverzeichniß, später, als der längere Aufenthalt in Städten und Dörfern und noch später als die intereßanten Begebenheiten dieses einzigen Feldzuges Stoff genug gaben, — mehr Tagebuch, deßen eigentlicher Zweck jedoch sich darauf beschränkte, mir selbst nur zur Erinnerung und zur Bürgschaft einer wahrhaften Erzählung deßen, was mir wiederfuhr, zu dienen. Diese kurze Darstellung mag mich gegen jedes nachtheilige Urtheil von Lesern, welchen diese Blätter zufällig in die Hände fallen könnten, in Schutz nehmen und zeigen, daß hier kein eigentliches Tagebuch, keine Orts- oder Reisebeschreibung, keine Vorbereitung zu einer Druckschrift zu suchen ist, — sondern nur einfache Erinnerungsblätter die mir einen wahren Blick in die Vergangenheit gewähren sollen.

Rastadt den 1.ten März 1816.
Carl Sachs Premlieut: im leichten
Infanterie Bataillon.

Das Tagebuch des Carl Sachs

Es war am vierten Februar 1812. als das leichte Infanterie Bataillon damals zu *Freiburg* in Garnison, den Marsch nach Rußland antrat. Die erste Station war *Ettenheim-Münster*. Von dort führte mich Szuhany zu seinem Onkel nach *Mahlberg*. Unser Marsch gieng nun weiter an folgenden Tagen über folgende Orte.

Den 5.ten In *Offenburg* kam ich zu H: Kreisdirector Holzmann; der von diesem veranstaltete Ball wurde durch die schöne Madle Triton verherrlicht 6.ten in *Bühl* zu Mittag und dann nach *Rastadt,* 7.ten nach *Carlsruh*

Dort blieb ich bis den 9.ten Abschied von den l: Eltern und Geschwistern

10.ten *Rheinhausen* sollte das Quartier sein ich blieb aber beim Bruder Louis in *Graben,* und fuhr in der Nacht mit Schwester Louise die auf Besuch da war, und Louis nach *Loßheim.*

11.ten *Mannheim* Ich kam zum Buchhändler Löffler, dort führte ich ein recht vergnügtes Leben. Am 16.ten marschirten wir nach *Auerbach.* Beim Oberförster Hahn gieng es recht gut, Fröhlich und ich tanzten mit den zwei schönen Töchtern nach dem Clavier.

17.ten *Isenburg* bei Frankfurt; beim Pfarrer Gagoi, gut.

Den 18ten *Frankfurt* zu den Gebrüder Dörr, Lederhändler in der Krug-Gaße; sehr gut; hier hatten wir Theater und sonstige Belustigungen – Theresa.

19.ten *Butzbach* bei Friedberg mit Fröhlich bei Madame Trapp.

21.ten *Staufenberg* bei Giesen; dort hatten wir beim Förster das Quartier und beim Schulz die Kost nehmlich Hauptmann Huffschmidt, Vallender, Fröhlich, Buser und ich der Förster hatte drey Töchter, mit welchen wir nach der Violin des Lieutenant Buser tanzten.

Den 22.ten *Niederroßpha* bei Marburg, ein in jeder Hinsicht schlechtes Nest.

23.ten *Hundshaußen;* beim Bierwirth Friedrich Metz, brave Leute.

24.ten *Rhinda* bei einem Bauern – gut.

25.ten *Thalheim* bei Kaßel, in einer Papier Mühle; hier war Rasttag.

27.ten *Lingelern* bei Göttingen beim Maire Andreas Glaas.

28.ten *Döcherode* bei Atershaußen beim Kronenwirth; sehr gute Menschen.

29.ten *Wolperode* beim Gutsbeständer Jermelmann; ein sehr gutes Quartier. Ich besuchte von da Vallender in *Ackenhaußen* beim Amtmann Kleve und kam gerade dazu, als dieser würdige Mann seinen 54. Geburts Tag feierte, welches Fest er nur alle Schaltjahr begehen kann. Deßen 2. schöne Töchter, die liebliche Braut aus der Nachbarschaft, der fürstliche Tisch, die vortrefflichen Weine, alles dies vereinte sich, uns zu erfreuen. –

Den 1.ten März *Sehlde* bei Herrn Oberförster von Kettner, ein recht gutes Quartier, mit Vallender, Rasttag, die Überraschung.

3.ten *Wolfenbüttel* bei Braunschweig; beim Friedensrichter in der Herzogs-Straße hier war ich recht vergnügt, und wurde so als Freund behandelt, daß ich mich ins Stammbuch schreiben mußte.

4.ten *Boimsdorf.* Ein kothiges Nest; beim Maire mit Vallender; der Mann war ein Halb-Narr desto artiger und hübscher war sein junges Weibchen, die uns ein reinliches Eßen und guten Wein aufstellte.

5.ten *Parsau* mit Rieß und Fröhlich beim Maire; wir tanzten die halbe Nacht mit den Töchtern.

6.ten *Reglingen* mit Vallender bei einem Bauern; gute Leute. – – –

7.ten *Dangensdorf* bei Salzwedel bei einem Bauern mit Vallender Rasttag.

9.ten *Dambeck* bei Tannberg.

10.ten *Stuck.* erster Ort im Mecklenburgischen, 3. Stunde von Denitz[1] an der Elbe. Hier trieb Schill sein Wesen eine Zeit lang.

11.ten *Spornitz* bei Grabow; mit Vallender beim Förster im Quartier; recht gute Menschen. V: Unzufriedenheit weil kein Wein da war; der Besuch beim Rieß in der Mühle, dort die schönen Töchter.

12.ten *Bergrode* ein elendes Nest im Sand, in welchem nicht einmal Lebensmittel für mich und 40. Mann zu haben waren, weßhalb wir auch hier keinen Rasttag machen konnten, sondern nach *Grabow* 2. Stunde weitermarschiren mußten; die Bewohner von Bergrode hießen alle Bengel es waren nur sechs Familien.

13.ten *Hof-Grabow* bei Parchim, bei Herrn Zander Gutsbeständer; recht gute Menschen mit einer recht hübschen Tochter! diesem Mann sollte ich schreiben. – – –

14.ten *Groß-Uphal*, beim Pächter mit 44. Mann, Besuch im Pfarrhauß; dort wurde nach dem Clavier mit den beiden Töchtern getanzt. – – –

15.ten *Güstrow* bei Frau Regierungsräthin von Bülow. Ein nettes Städtchen; dort wurde mir im Theater mein schöner Tabaksbeutel /von der Terbin/ vom Säbel abgeschnitten

16.ten *Rostok;* bei Kaufmann Berg, ein recht hübsches Städtchen; hier sahen wir das schöne Lager von der früher hier gestandenen Französischen Armee. Welch schöne Erinnerung an das bergische Haus – T i n c h e n, der Ring! Rasttag.

18.ten *Ribnitz;* beim Kaufmann Mayer ein gutes Quartier.

19.ten *Barth* bei einem Kaufmann mit Vallender – 2. Töchter.

20.ten *Stralsund* bei Mad^{me} Klaßer Kaufmannswittwe mit Cagit: Veterle, der krank war, und zwei bergischen Officiers. Hier hatte ich vergnügte Tage; der Ball beim Gouverneur, die schöne H e l e n a, das Steigen auf den Kastanien Baum um die Guitarrenspielerin zu sehen, die Täuschung sind schöne Erinnerungen. Ich habe 7. Tage hier verlebt.

27.ten *Greifswalde* bei Mad: Schildner; eine brafe Frau mit artigen Töchtern

28.ten *Anclam* bei Mad: Regen Bürgermeisters Wittwe; ihren 2. schönen Töchtern schrieben wir

uns; nehmlich Fröhlich und ich ins Stammbuch.
– – –

30.ten *Eichhof* eine halbe Stunde vom Dorf glei-
chen Nahmens, mitten im Wald; beim Förster mit
Vallender, dieser romantische Aufenthalt erhielt
durch die beiden Töchter noch mehr Reize. – –
31.ten *Pasewalk*; mein Wirth war der Weinhändler
Georg Scharlau, bei welchem vor mir Rath Zieg-
ler als Regiments Quartier Meister gelegen hatte,
ich schrieb mich in Scharlaus Stammbuch hinter
denselben ein. Hier kam Feuer aus; wir trugen
viel zum Löschen bei – – – –
1.te April *Gorgow* beim Schulze mit 36. Mann in
6. Häußern
2.ten *Stettin* bei Mad^{me} Römer.
den 6.ten in die Vorstadt *Castodie* zur Mad^{me}
Schmidt, auch Wittwe, ein gutes Quartier. Der
Roman; – das hohe Fenster über Vallenders Bett.
– Diese schöne Stadt hat in ihren Umgebungen
die angenehmsten Spaziergänge, besonders gerne
erinnere ich mich an jenen nach Grabow wo wir
die Damen strickend unter den Herren im Kaffeehauß fanden. Wir hatten hier viele Rehourcen,
besonders besucht war das Kaffeehauß bei Peter-
sens, wo jeden Abend ein großes Domino gespielt
wurde, an welchem oft 50. bis 60. Officiers Theil
nahmen. – Zwischen den unsrigen und den Franzosen gab es hier Verdruß, so daß dieselben
aufeinander schoßen und man sie nur mit streng-
sten Maßregeln auseinanderbringen konnte.
31.ten May von Stettin nach *Dam* zum Schneider-
meister Draist; hier wurden wieder schöne Tage

verlebt; die liebenswürdige Louise Berg, die Spaziergänge nach Strausens-Ruh, die Casematte; schöne Erinnerungen! herrliche Tage!

7.ten Juny. *Pasenfin* bey Goluow; 12 Stunde von Stettin bei einem Edelmann, Herrn von 13. Dörfern mit Obrist Lieutenant Peternell, Vallender und Szuhany, ein recht gutes Quartier.

8 ten *Klein-Sabow* bei Naugard auf dem Schloß der Fräulein von Kopp, welche sich bei H von Wißmar ihrem Onkel auf den Kniebhoff[2] aufhielt. Mein Besuch dort hatte die Eroberung des 17. Jährigen Fräuleins und des alten Mannes zur Folge, der mich beinahe bis nach Hause begleitete und sehr bedauerte, daß ich nicht länger bei ihnen sein könnte, indem seine Nichte so viel Vergnügen an meinem Umgang gefunden habe, was er bis jetzt noch nie bemerkt hätte. Als ich schon schlief kam ein Reitender vom Kniebhof und holte meine Adrehse. – – – .

9.ten *Trofido* ein elendes Nest, jedoch mit willigen Leuten, mit Fröhlich.

10 *Pasow* bey Cöslin auf dem Schloß des H von Gerlach; ein düsterer Aufenthalt – mit Kohler.

11.ten Auf *Zwölferhuf* bei Coeslin

12. *Slawe* beim Superintendenten Ich konnte aber nicht da bleiben, sondern mußte an demselben Abend noch nach *Stolpe* um dem Quartiermacher andere Ordre zu bringen und kam dann in die Hof-Apotheke zum Breßle.

13.ten Nach *Sockow* auf einem Pacht Gut; es war so kühl, daß wir einfeuern laßen mußten. Kohler.

14.ten *Lanz* ein schlechtes Nest; ich war mit Cap^{tn}

Eichsfeld, Vallender und Schäffer beim Schulze.
– –

15.ten *Rahmel* bei H: Hildebrand mit Schäffer; dort die Einsiedlerin.

16.ten *Danzig* hier hätte ich beinahe mein Quartier nicht gefunden als ich spät in der Nacht aus dem Kaffeehauß nach Hause gieng; wurde aber durch den Nachtwächter der gerade seine Stunde anpfiff und mit seinem mit Eisen beschlagenen Stock auf dem Pflaster anschlug, zurechtgewiesen, und zwar nur auf die Beschreibung, daß ohnweit meinem Quartier 2. Bäume stünden. Einige meiner Kameraden hatten ähnliches Schicksal und Lieutenant Rieß brachte die Nacht auf der Straße zu, weil er niemand fand der ihn zurechte wieß, was in dieser großen Stadt nicht leicht möglich ist.

17.ten *Fort-Weichselmünde*; hier waren wir wie in einer Caserne einlogirt und richteten uns recht ordentlich ein, mußten aber unerwartet den 19.ten nach *Dirschau*. Bei einem Kaufmann mit Dams. Diesen 10. Stunden langen Marsch habe ich allein gemacht, indem ich vor Danzig zurück geschickt wurde und nun das Bataillon verfehlte; ich kam aber eine Stunde früher als daßelbe in Dirschau an.

20.ten *Heubuten*; eine halbe Stunde von Marienburg bei einer Bauern Wittwe Bergen. Welcher Wohlstand muß hier vor dem Kriege gewesen seyn! Die Beschläge der Thüren und Fenster sind alle von Meßing und die Vorhangkloben verriethen den vorigen Schmuck der Vorhänge. – –

21.ten *Marienburg* ein recht freundliches Städchen; bei meinem Wirthe Superintendent Heinel
fand ich eine recht liebe Familie, bei welcher ich
mich so ganz in die Heimath versezt dachte, nur
war die Kost hier ganz der unsrigen entgegenge-
sezt; der Salat war mit Zucker und Eßig ange-
macht, die Suppe bestand aus unreifen Stachel-
beeren in Milch gekocht, die Fische, die häufig
kamen, waren auch schlecht x x. – Die liebenswürdige Mad^{selle} Schoppenhauer, von uns Hulda
genannt, war hier die Schöne um welcher mir der
Abschied von Marienburg so wehe that.

10.ten July; auf Streif Commando gegen das
Gesindel, welches aus Polen kam, nach *Neuteuch*
ein kleines Städtchen, zur Wittwe Eggert, der
Tochter ein Stickmodel gezeichnet. – In kurzem
fingen wir 250. Vagabunden und brachten an 20.
davon, die welche wirkliche Diebe waren nach
Marienburg. – – –

7.ten *Marienburg* die Freude von meinen Hausleu-
ten und der Hulda als ich kam, und der Verdruß
als ich wieder fort mußte

8.ten *Stuhm* dort war ich als Commandant der mo-
bilen Colonne, bestimmt die Durchmarschirende
im Zaume zu halten und den Bewohnern ihre Habe
zu sichern. So mußte ich oft mit meinen 60. Jägern
und 8. Gensdarmes halbe Regimenter Cavallerie
die auf den Fruchtfelde die Pferde weideten vertreiben, oder in Stuhm aufstellen und beim Durch-
marsch halt Commandiren und ihnen die mitgenommenen Pferde wieder abnehmen, auch mußten wir stets patroulliren gegen die Marodeurs und

Deserteurs, deren täglich eingebracht wurden. –
Daß ich durch meine Bestimmung bei den Einwoh-
nern beliebt war, läßt sich denken und so verlebte
ich in diesem elenden Städchen schöne Tage, die
durch die Gegenwart des Preußischen Comman-
danten von Grichnitz noch angenehmer wurden, so
wie auch durch die Bekanntschaft mit dem Bürgermeister und Herrn Leßmann. Mein Haußwirth war
Kaufmann Mayesky. das Bierhaus gehörte Juden
deren Töchter wirtheten; Meiner Erinnerung blieben aufbewahrt: Die Besuche auf Hintersee, der
Ball in Stuhm; die angenehme Überraschung von
Lieutenant Frech welcher neue Taschen brachte
und die erhaltene Besuche von Marienburg.
den 4.ten August auf eine Nacht nach *Marienburg*
um zu fühlen, was ich die Zeit über verlohren
hatte. Der Abschied von da war traurig. Herr
Superintendent Heinel und die ganze Familie die
Hulda und andere verschönerten mein Stammbuch und machten mir es werther durch ihre
Denkmähler. Bei den Stammbuchblätter des
Superintendenten lag ein Billet folgenden Inn-
halts an mich: »Möge die Vorsehung über ihr
Tage wachen; Sie ihrer Familie und den Genüßen
eines ruhigen Lebens erhalten! Möge nie ein Dorn
ihre Rückerinnerung an durchlebte Tage verlet-
zen, und mögen sie unter jedem Himelsstrich
Menschen finden, welche das Edle ihres guten
Herzens gehörig zu fühlen und zu würdigen ver-
stehen, dann sind Wünsche erfüllt, welche ihr
Freund gegen sie hegt, und der wenn das Schiksal
uns hier kein Wiedersehen verstattete Sie einst in

beßern Welten wiederzusehen hofft Frau und Kinder grüßen sie und beten für Ihr Wohlsein«.

Den 28.ten July 1812 Marienburg wird mir stets unvergeßlich bleiben, es waren schöne Tage die ich hier verlebte!!

5ten August *Elbing* ein freundliches Städchen mit ausgezeichnet guten Leuten, die Bewohner Elbings kennt die Hälfte der Armee als vorzügliche Wirthe. – Ich lag mit Hecht, Vallender, und Maurus bei Madme Becker, reiche Kaufmanns Wittwe, die uns in ihrem schönen Wagen bis in die nächste Station fahren ließ.

6.ten *Braunsberg* mit Maurus.

7.ten *Heselau* ein Hof mit Val: und Kohler sehr schlecht. –

8.ten *Königsberg* hier hatten wir Rasttag und folglich Zeit die ziemlich große Stadt zu besichtigen und das Theater zu besuchen; hier traf ich den gewesenen Feldwebel vom K: Spanischen Schweizer Regiment Traxler, Namens Dallemscheid, als Bergischen Capitaine. –

10.ten *Tapiau* bei Madme Saattmann Wittwe, mit Maurus. – Der Garten.

11.ten *Schudlidimen* mit Capitn Bachelin beim Schulz – schlecht.

12.ten *Beniglauken* bei Tilsit mit Vallender. Bressle, Schäffer, und Maurus; hier haben wir uns das erstemal selbst verpflegt und in der Scheune geschlafen. – – – –

13.te *Pitenen* mit Rieß und Fröhlich, die einzelnen Bauern Höfe im tiefen Sand, die vielen Kirschen Bäume um jedes Bauern Hauß; der Alte im Stall.

– Im Ort lagen, Bachelin, Hecht, Rieß, Nau, Fröhlich und Klauer. – – –

16.ten *Kellrischken* liegt in einem sandigen Wald die Häußer sind sehr weit zerstreut; die Leute in Scheunen. Von hier aus marschirten wir immer 2. Stunde zum Exerciren wo unser ganzes Corps sich sammelte, sonst lebten wir recht vergnügt. Zu merken sind, die Waßerfarth auf der Jura, die Besuche beim Leib Regiment und dem Staab; die Scene im Garten. – – –

30.ten *Obstruten* ein schlechtes Nest; hier fraßen uns die Schnaken beinahe auf; mit Bachelin, Vallender Rieß. – – – –

31.ten *Ruschny* erster Ort im Rußischen Polen, wo wir auch die abscheulichen Weichselzöpfe[3] fanden. Mit Eichsfeld, Bachelin, Vallender, Rieß und Schäffer. –

1.ten September *Baluschken* mit Schäffer, Maurus, Klauer, Doctor den beiden Chirurgen und Wigenburger.

2.ten *Dudy* auf dem Marsch; die Kälte. Von hier mußte ich mit 30. Mann auf Brod Requisition; ich brachte genug und dem Szuhany ein Pferd. – –

Am 3.ten sezten wir über die Wilia mußten aber lange halten bis alle übergeschifft waren, bekamen dann Regen und empfindliche Kälte.

Durch *Kowno*, eine halbe Stunde davon, bezogen wir Nachts 10. Uhr den Biwak; Jezt wurden Feuer gemacht und Hütten gebaut und um ½1. Uhr die Suppe gegeßen.

4.ten Rasttag; ich war commandirt zum Verhör des Suicow.

5.ten unter Regen kamen wir ins Lager nach *Siorol;* hier in Ermanglung eines Tisches aßen wir, C: Bachelin, Vallender und ich auf der Toden Tragbahr die uns die Leute aus der nahen Kirche holten. –

6.te Lager bei *Zubitzken.*

7.ten Lager bei *Gawiau.*

8.ten Lager bei *Wilna.* –

Wilna ist eine freundliche Stadt, die aber eine Menge Juden zu Bewohnern hat. Hier kaufte ich mir ein warmes Leibchen und ließ es machen.

9.ten Rasttag; als wir durch die Stadt marschirten wurde auf dem Stadt-Thor eine Meße geleßen. –

10.ten *Nemitsch* ins Biwak. –

11. *Ochiano* Quartier im Stall.

12.ten *Schmargony* [4] Biwak. –

13.ten *Molodelchino* [5] Quartier in einer Scheune. – –

14.ten *Badochogowitzky* der Staab wir *Kesciely.* – – –

15.ten *Minsk* im Lager; eine halbe Stunde von der Stadt in einem dichten Forenwald, hier habe ich die schöne Hütte gebaut, und mir Winter Hosen machen laßen; sie wurden auf dem boden zugeschnitten und am Feuer genäht.

16.ten Rasttag; es wurde viel gewaschen.

17.ten *Schmolyis.*

18ten *Borisow.*

19.ten *Naiga.* hier habe ich im Stall in einer 4. Fuß langen Schachtel geschlafen. –

20.ten *Propper* im Stall geschlafen. – – – – .

21.ten *Tolloken* [6] wir waren in der Synagoge; die

Illumination daselbst und Juden-Gottesdienst; Oberlieutenant Schuster als Rabiner; die Rede die er als solcher hielt.

22.ten *Tomenick.*

23.ten *Orza* [7)]

24.te *Domberona* [8)],

25.ten Rasttag in einem verlaßenen Bauern-Hauß.

– –

26.ten *Diedy* im Stall

27.ten *Gelumhena*

28.ten *Smolensk.* Schon auf dem Marsch hieher sahen wir auf der Straße eine Menge todter Pferde auch bisweilen einen menschlichen Leichnam, unter andern einen Schlitten mit einem solchen, der so stark roch, daß man ihn auf eine große Ferne schon gewahren mußte. – – – Als wir auf eine halbe Stunde von Smolensk kamen war die Straße mit Leichen besäet, der Gestank unerträglich, das Aussehen der Todten äußerst widrig, denn die meisten waren schwarz von der Sonne gebraten. Wir wurden in die zerstörten Häuser der Vorstädte gelegt und auch hier waren stinkende Leichen uns allenthalben zur Seite; in dem Häußchen, das wir uns zurecht machten, lag ein Cavallerist mit dem Vorderleib in einem Schopf; die Füße mit den großen Stiefeln strekte er in das enge dunkle Haußgängchen, so daß man jedes mal über ihn weg steigen mußte wenn man hinein wollte, und in einem Kämmerchen lag ein ganz verweßter Körper. Erst nach 2. Tagen hörten wir, daß wir länger hier bleiben sollten, nun gieng es erst an das Beerdigen der Leichname allenthal-

ben, um wo möglich eine reinere Luft zu gewinnen.*

Aber ein anderes Übel zeigte sich nun; mehrere
hundert Hunde die in der zerstörten Stadt und
Umgegend herrenlos zurückgeblieben waren,
fanden ihre Nahrung an den Leichen und machten sich nun nachdem erstere Begraben waren, an
die Lebenden. Mehrer wurden von Heerden dieser Bestien angepackt, und konnten sich nur mit
aller Anstrengung und Gebrauch ihrer Waffen
retten. – Auch das Häußchen unserer Stations
Wache verdient Erwähnung. Der Eingang war
von dem Tabernakel eines Hof-Altars, die Seitenwände und das Dach waren lauter Heiligen-Bilder aus Kirchen. [10)] Ein anderer merkwürdiger
Anblick war der tode Franzose und Ruße, die sich
noch im Tode so fest in den Haaren lagen, daß
man die erstarrten Hände mit keiner Mühe los-
bringen konnte. Zwei Franzosen wurden hier
erschoßen, wegen Plünderung und sonstigen
Gewaltthaten. – – – –

den 11.ten October sammelten wir uns jenseits des
Dniepers, und sahen in der Morgensonne die ver-
goldeten Kuppeln der noch stehenden Kirchen
und Thore der zerstörten Stadt; was wirklich
einen herrlichen Anblick gewährte.

*Niemeyer[9)] sagt hier. – Aber zahllose Schwärme von Raben welche
mit wiedrigem Geschrei über ihren Häubtern schwebten, und *Heerden hungriger langhaariger Hunde, welche aus allen verbrennten
Ortschaften* ihnen heulend nach folgten, scharrten die Leichnahme
unter dem Schnee wieder auf, und Raben und Hunde lieferten mit
gräßlichem Geschrei und Gebell blutige Gefechte um die Beute.
Carlsruhe den 6.ten May 1828.

Die Bergischen Truppen marschirten mit Musik an uns vorüber, und Fröhlich laß mir das Gedicht *Freude holder Götter Funke.* vor; Dann marschirten wir auch ab. Nach *Lersky;*

den 12.ten *Saboria*

13.ten *Retzky*

den 14.ten hatte ich die Arrieregarde und kam erst Nachts 10. Uhr in der größten Finsterniß in ein Dorf; ich klopfte am ersten Haus und fand den Regim^{ts} Quar^{tier} Meister Gottreu vom Leib-Regiment bei dem ich über Nacht blieb; nach dem meine Leute unter gebracht waren. – –

15.ten Nachmittag 2. Uhr nach *Scharowoy* hier mußten wir schon Vorposten halten weil man hie und da Cosacken Patrouillen gesehen haben wollte.

17.ten durch 3. Compa^{en} vom Leib: Regiment abgelößt und nach *Schiwizky*[11)] C: Eichsfeld war Comandant, hier hatten wir noch gut erhaltene Bauern-Häuser und auch gute Bettstellen, nehmlich Schlitten die wir mit Stroh anfüllten in welchen sich herrlich hätte schlafen laßen, wenn nicht die schärfere Ordre wegen den Cosacken es uns verboten hätte, gut zu schlafen. Die vielen tausend braunen Käfer von der Größe unserer Schwaben, die hier an den Wänden der holzernen Bauern-Hütten des Nachts herum griechen, sind für den Fremden etwas ekelhaftes. Läßt man Brod oder sonst etwas liegen, so sammelt sich gleich eine große Menge dabei und verleidet den ferneren Genuß. – –

20.ten *Zstrubize.* die Compagnie mit dem Staab, der später verlegt wurde; hier mußte die Gegend aufgenommen werden. Ich zeichnete unsern District auf eine Stunde im Umkreis auf, Vallender zeichnete den Plan ins Reine und wir erhielten Beifall.

23.ten *Wißock.* Ich war mit Vallender allein; wie wunderten wir uns, als wir hörten die Voltigeurs lägen bei einem Teutschen; ich besuchte sie und fand eine Teutsche Familie, einen Kupferschmid, der dem Anschein nach recht wohlhabend war. – – –

24.ten Durch die Vorstadt von *Witepsk* den starken Marsch nach dem Hof *Unordia.* Mit dem Staab, Bachelin, und Ries, hier war der Feind nicht weit. In der Nacht vom 25.ten auf den 26.ten von *Corduwa* nach *Corobno* mit Capten Hufschmidt u Breßle.

27.ten October, *Witepsk* eine sehr alte unfreundliche Stadt, mit Vallender bei einem Juden.

28.ten *Ostrowno.* mit Kohler allein am Feuer. Vallender auf der Wache. – – – –

29.ten Nachts 9. Uhr bezogen wir bei *Beszeniowiczi*[12)] das Lager; auf dem Marsch die Canonade. Hier kam die Ordre wegen einer bevorstehenden Schlacht.

Am 30.ten hörten wir Abends eine starke Canonade, die uns eine Recognoscirung vermuthen ließ, welche der Schlacht vorangehen mußte.

31.ten Mit Tages Anbruch hörten wir eine starke Canonade in der Richtung gegen *Ezaßniky*, die eine Schlacht verkündete, welche durch den frühern Angriff der Rußen so zeitig ihren Anfang

nahm. Wir erhielten erst Nachmittags 3. Uhr
Ordre zum Abmarsch und wurden in der Dunkelheit irre geführt so daß wir mehreremal auf den
Feind stießen; wir verlohren viele Leute die
zurück blieben, unter andern den Lieut Rieß, und
kamen erst nach 1. Uhr bei dem Corps an. Gegen
2. Uhr Nachts mußten wir wieder aufbrechen,
hatten also kaum eine Stunde geruht, was da wir
glaubten mit Anbruch des Tages schlagen zu
müßen, nicht sehr erfreulich war; Doch wir marschirten nur 6. Stunden auf der Straße nach *Senno*
und bezogen am 1.ten November das Lager. N:B:
Der Feind war bei Tages Anbruch verschwunden. —
2.ten In's Lager bei *Senno*
3.ten Rasttag hier die angenehme Überraschung
durch das Erscheinen meines gefangen geglaub-
ten Burschen; der treue gute Mensch brachte
Lebensmittel die hier sehr rar und mit Gefahr zu
bekommen waren.
4.ten bei *Torbinka* drei Stunde von hier wieder ins
Lager. —
5.ten Der außerordentlich starke Marsch ohne zu
ruhen, so daß mehrere Leute tod nieder fielen.
Unter großer Kälte und Schneegestöber bezogen
wir das Biwak bei *Ezernia*
6.ten Rasttag; eine strenge Ordre wegen Plünderung. —
7.ten eben daselbst ein anderes Lager bezogen;
hier tranken wir viel von der rothen Rüben Brühe.
8.ten Rasttag
9.ten unter sehr kaltem Wind und Schnee gieng es
in's Lager bei *Strofzowieza*

10.ten auch hier.

Am 11.ten rückten wir ins Lager bei *Curumla*. hier mußten wir die Bagage, wie es hieß, einen sichern Weg zurückschicken, und erhielten die Ordre man solle alles bereit halten, weil wahrscheinlich morgen geschlagen würde. In der Nacht vom 12ten auf den 13.ten mußten wir ohne Aufenthalt in der fürchterlichen Kälte und bei glattem Boden die ganze Nacht marschieren, so daß uns viele Leute fielen und zurück blieben.

Am 13.ten Morgens 8. Uhr hatten wir kaum geruhet von dem äußerst beschwerlichen Nachtmarsch, so gieng es wieder vorwärts, unsere Division Sarthoneaux und unsere Kavallerie mußten den Weg durch den Wald bahnen; hier gab es viele Bleßierte deren Amputation wir mit ansahen. — —

14.ten Morgens 9. Uhr brachen wir auf; das Dorf *Ezaszniky* wurde angegriffen und der feindlichen Linie eine Kette Tirailleurs entgegengesendet, hinter welcher wir in Colonnen aufgestellt waren. Die so dicht geschloßenen Colonnen wurden von den Rußen aus Geschütz aller Art beschoßen; die Cavallerie und wir verlohren viele Leute ohne einen Schuß zu thun, auch unsere Artillerie stand so geschloßen; ohne zu einem Schuß zu kommen, wir bezogen das Lager beinahe wieder auf dem alten Platz.

Am 15.ten stand die Armee vom beßten Geist beseelt schon in aller Früh in Schlachtordnung der Rußischen auf Canonen-Schuß Weite gegen über. Es vergingen einige Stunden; aber verge-

bens harrten wir auf den Augenblick, wo der
Signal-Schuß dem langweiligen Stehen ein Ende
machen würde denn statt jenem kam Befehl zum
Rückzug, die Folge eines vom Kaiser in aller Früh
beim Marschall eingetroffenen Eilboten. Ein
Beweis, wie sehr respecktabel unsere Armee dem
Prinz Witgenstein seyn mußte, war, daß er uns so
ruhig abmarschiren ließ, ohne einen Schuß zu
thun.

16.ten Auf dem Weg nach *Senno* kamen wir seit
langer Zeit das erstemal wieder in Häußer und
fanden Mehl, aus welchem von uns Brod in der
Asche gebacken wurde. –

Am 17.ten kamen wir in ein Dorf bei *Ulianowicz*
4. Stunde von *Senno*.

Ungeachtet uns der Feind ganz nah war, wurden
wir doch in Häuser und Ställe gelegt um die Leute
ein wenig ruhen zu lassen, und sie beisammen zu
halten, was im Bivouac nicht mehr möglich war.

– – –

den 18.ten mußte das Bataillon allein eine Stunde
gegen Senno im tiefen Schnee das Lager bezie-
hen; Kaum war es dunkel so mußte unsere Compagnie und die Voltigeurs aufbrechen und der
Führung eines Adjudanten des Generals Dendels
folgen; – wir marschirten im Schnee bis an die
Kniee stets querfeldein; erst als wir 2. Stunde
marschirt waren wurde uns verkündet, daß wir,
das Städtchen *Senno* das wir nun beim hellen
Mondschein vor uns sahen, im Fall es besezt sey,
nehmen müßten, um die ältesten Juden als Geisel
zu holen. – Lieutenant Fröhlich wurde mit 20.

Mann als Spitze in gerade Richtung aufs Ort und ich mit 60. Mann auf die ganz entgegengesezte Seite detaschirt; Wir drangen zu gleicher Zeit ein, und verjagten eine Kosaken-Patrouille die sich eben Schnaps und Brod schmecken laßen wollten, was wir in Emfpang nahmen. –

Die Juden wurden schnell aus den Häusern geholt; mit Brod und Schnaps beladen und der Rückmarsch angetreten, so daß wir in der Früh am 19.ten wieder im Lager einrückten. – – Lieutenant Fröhlich hätte hier beinahe sein Leben auf eine ärgerliche Art verloren. Er trat nehmlich beim Abfangen der Juden unvorsichtig schnell in ein Hauß, worin er einen Bärtigen Alten erblickte; gleich beim Eintreten wurde er aber von demselben so am Hals gepackt und wider die Wand gedrückt, daß ihm der Athem anfing auszugehen; in demselben Augenblick wurde auch das Licht im Zimmer aus gelöscht. Zum Glück war die Thüre nicht ganz zu und als Fröhlich dicht vor derselben seine Leute nach ihm fragen hörte, riß er mit aller Gewalt seine von einem zweiten Juden festgehaltene Arme loß und stieß den, der ihn am Hals festhielt, auf den Magen wodurch er Luft zum schreien bekam. Die Soldaten drangen nun zwar gleich ein, die Juden aber nahmen gedeckt durch die Finsterniß, die Flucht durchs Fenster und entgingen so der wohlverdienten Rache. – – –

20.ten gieng es nach *Ezernia;* auf diesem Marsch war der Weg so kothig und bodenlos, daß wir wieder mehrere zurückgebliebene Leute verlohren. Wir trafen erst mit der Dunkelheit ein und wurden Compagnieweise in Häuser gelegt. Als ich den andern Morgen noch in der Finsterniß meinen Lagerort verließ, um mich auf den Sammelplatz zu begeben, hörte ich in einem Sträßchen einen Lärmen; ich eilte hin und fand einige Soldaten, die aus einem Hause eine Kiste schleppten während die Eigenthümer, Mann, Frau, und mehrere Kinder auf den Knien baten, sie ihnen zu laßen. Auf meinen Zuruf liefen die Soldaten davon; ich half den Leuten die Kiste wieder in das Hauß bringen, und zeigte ihnen durch Pantominen, sie sollten die hinter der Thüre befindliche Holzbeuge abraumen, ein Loch graben und die Kiste hinein senken, dann das Holz wieder darauf setzen. Als sie mit dem letzteren anfingen, wollte ich fort, konnte aber kaum wegkommen, weil die Leute durch Niederfallen auf die Kniee und küßen meiner Füße nach ihrer Landes Sitte mir danken wollten. Am 21.ten mußten wir mit den Husaren wieder vier Stunde vorwärts nach *Strozowitzi* auf die äußersten Vorposten.

Den 22.ten schwärmten die Kosaken stets vor unsern Posten, die uns auch auf dem fürchterlichen Nachtmarsch durch den Sumpf einige mal veranlaßten das Carre zu bilden und mit demselben zu marschiren bis wir das Dorf Chalnowitz erreichten; hier ließen wir die Ambulance im Sumpf stecken 23.ten *Auf einem Edelhof.* Im innern Hof machten wir Hütten. Die Husaren wurden abgelößt von den Heßischen Chevauxlegers. General Furnier hatte das Commando über uns. Wir bildeten den äußersten Nachtrapp.

Den 24.ten früh 4. Uhr wurden wir durch das Hurra von ungefähr 300. Kosacken die sich in unser Lager gestürzt hatten aufgeweckt; sie sprengten nur durch, warfen Feuer auf unsere Stroh-Hütten und stießen auf unsern Außen-Wachen alles nieder, so daß einige Leute 12. bis 15. Lanzenstiche hatten. Vallender wurde auf dem Hauptposten gefangen und an den Haaren mit fortgeschleppt. Diese Kosacken hätten im Lager großen Schaden anrichten können wenn sie Muth genug gehabt hätten; denn sie kamen von hinten ganz unbemerkt mitten in dasselbe, hätten also die Hälfte der fest schlafenden niedermezlen können, ehe es Lärm gegeben hätte; — wir verfolgten sie so weit es in der stockfinstern Nacht thunlich war. Gegen Tag brachen wir auf um unsern Marsch gegen *Barfury* fortzusetzen. Schon beim Abmarsch bemerkten wir die Kosacken, welche uns auf Schußweite folgten, der Marsch wurde aber ruhig fortgesetzt ohne auf sie zu achten. Einige Tausend Schritte vor *Bafury* machten wir halt und sezten die Gewehre in Pyramide. Die Cavallerie saß ab, die uns folgenden Kosacken thaten ein gleiches. Nach kurzer Ruhe brachen wir auf, die Cavallerie mußte noch bis an's Ort die Arrieregarde bilden, aber kaum waren wir 200. Schritte marschirt, so mußten wir plötzlich halten und unsere Cavallerie aufnehmen, die durch einen Choc der Kosacken geworfen war. Wir zogen uns langsam im Feuer zurück, um jenseits des Orts den Wald zu erreichen, durch welchen uns der Marsch führte. Hier blieben zwei Compagnien unter Commande des Capitaine Bachelin als äußerste Arrieregarde, nehmlich seine, und die Compagnie, die ich Commandirte, wir zogen am Rande des Waldes im heftigen Geplänkel zurück bis wir an der Anhöhe hinter dem Orte die ganze Arrieregarde aufgestellt fanden, welche noch durch das erste Regiment verstärkt worden war. Auf der Anhöhe war die ganze Brigade aufgestellt und kaum waren wir angekommen so nahm das Gefecht seinen Anfang; unser Bataillon stand am äußern Rand des Waldes dem feindlichen Artillerie-Feuer so außgesezt daß jede Kugel entweder über uns weg oder durch das Bataillon dringen mußte. Doch bald lößten wir uns in die Kette auf, und drangen bis vor an den Wald, wo die Rußen standen, warfen sie in denselben und avancirten bis wir Ordre erhielten nicht weiter vorzudringen, das Gefecht wurde nun allgemein und dauerte bis in die Nacht, wir hatten ziemlichen Verlust besonders bedauerten wir Lieutenant Fröhlich und Nau die schwer bleßirt wurden. Capitain Eichsfeld leicht bleßirt und gefangen.

Am 25.ten trafen wir bei *Cotznitza* auf der großen Straße die sogenannte große Armee und vereinigten uns mit derselben. Am Abend erhielten wir noch Befehl alles in möglich propersten Stand zu setzen, weil der Kaiser die Truppen mustern wolle, was jedoch nicht geschah.*

*Niemeyer[13] sagt hier über Leipzig 1817. – – – Da sah man nun die kläglichen gräßlichen Trümmer jenes Weltgepriesenen und allgefürchteten Heeres, daß noch vor zwei Monaten den Boden des

Aber welch einen Anblick gewährte diese große Armee! – Eine große Maskerade war es; in welcher alle nur denkliche Trachten, auf das seltsamste gemischt, zu sehen waren; Grenadiers zu Pferd mit Weiberröcken und weiblichem Kopfputz; Lanciers mit Flitterstaat vom Theater; Voltigeurs in Bettwerk gehüllt, Weiber in Grenadier-Mützen und Grenadiers in Schlafkappen. x x Alle waren mehr oder weniger um die Köpfe verbunden, sie krochen und trappten zusammen gekrümmt und der wenigste Theil trug noch Waffen. Und auf diese Armee hatten wir unsere Hoffnung gesetzt; wenn wir bei der eintreffen, hieß es, werden wir von der so beschwerlichen Arrieregarde abgelößt. x x. – –

Am 26.ten marschirten wir ruhig durch *Borisow* und standen während sich das zweite Corps schlug, in Reserve. Auf diesem Marsche stießen wir auf unsere Wagen welche erst von Hauße kamen, und Zwieback und Kraftmehl brachten. Es wurde gleich ausgetheilt und leistete uns herrliche Dienste, besonders war der Genuß einer warmen Suppe höchst wohlthätig für uns.

Den 27.ten marschirten wir auf die Anhöhe dicht

---

rußischen Reiches siegetrunken bedeckt hatte, jezt bleich, in Lumpen, hinsterbend vor Hunger und Kälte, in einem scheußlichen Morast eingeklammert. – Deutsche, Polacken, Italiener, Schweizer und Franzosen, Heerführer und Gemeine ohne Schuh und ohne Stiefel ohne Beinkleider mit frischen Pferde oder Kühhäuten umhängt, oder in *Weiberröcken oder andern abendtheuerlichen Plunder,* ja! zum Theil in vermodertes Stroh eingewickelt, alles wiederwärtig unter einander gemischt.
CRuhe im May 1828.

an der *Berezina** und mußten an demselben Abend noch den Fluß paßiren was uns schon viele Mühe machte, indem die Brücken zu sehr voll Menschen waren, die hinüber drängten.

Den 28.ten nach Mitternacht erhielten wir Befehl die Brücke wieder zu paßiren was uns, so unangenehm es scheint, doch recht war, denn das Sitzen an dem von feuchtem Holze genährten Feuer aus dem ein beisender Rauch qualmte, den der durchdringend kalte Wind unaufhörlich in die Augen wehte, war uns lange verleidet. Das Paßiren der Brücke war sehr schwierig, weil wir nur der großen Maße von Menschen die herüber wollten entgegen drücken mußten; dennoch war bei Anbruch des Tages das ganze Corps übergegangen. – Unser Bataillon wurde auf die Anhöhe beim Dorf *Weselowo* aufgestellt; wir mußten mehreremal unsere Stellung ändern, und stellten dann die Gewehre in Pyramide. Es wurde ein Stück Vieh geschlachtet und das Fleisch in die Keßel gethan, aber kaum war dies geschehn so erblickte man auf der entgegengesezten Anhöhe einen Schwarm Kosacken und gleich darauf in dem Wäldchen unter uns die Plänkler von Russischen Jägern; zugleich wurden wir von einem starken Artillerie Feuer begrüßt. Wir erhielten

---

*nach Chambray, [14)] *Studienka*, auf *Studinitza* nach Muturlin, [15)] *Studenki* nach Sègux [16)] Scheidawind [17)] u Niemeyer [18)] aber *Studzianka Zembin* gegen über ohnweit *Wehelowo* waren die beiden Brücken in der Nacht vom 26.ten Novemb: erbaut. – Hier gieng am 27.ten Juny 1708. Carl d: 12. von Schweden auch über. – CRuhe im May 1828.

Ordre von der Anhöhe ins Thal zurücken. Da
standen wir dicht an den Wagen die sich hier
drängten, um die Brücke zu paßiren. Wie rasend
fielen die unbewaffneten über dieselben her, die
Deckel wurden aufgebrochen, die Mantelsäcke
aufgeschlizt, das meiste auf die Erde geworfen;
nur Geld, Gold, und Silber fest gehalten; auch sah
man mehrere sich ganz entkleiden und nach
Belieben frische Wasche und Kleidung anlegen,
was mancher aber nicht ganz vollzog weil eine
Canonen-Kugel, die hier wie die Bienen entweder
in den Strom oder über denselben weg flogen,
ihm den Garaus machte. Wir mußten sogar
unsere Wagen plündern sehen, und konnten es
nicht hindern; denn wir mußten stets beschäftigt
seyn, unsere Leute in Reihe und Glied zu halten,
weil mancher auch Lust bekam, noch vor dem
Angriff einige Griffe *in einen Koffer oder Mantel-
sack* zu thun.*

Schneidawind[19] sagt von diesem Angriff. – Der Feind errang
einige Vortheile, allein Markgraf Wilhelm von Baden rückte von
Weselowo mit einem Theil der Badischen Infanterie zur Unterstüt-
zung dieses Punktes vor und ließ die Rußen im Sturmmarsch mit
dem Bajonette angreifen. Die Badener hatten so eine herrliche
Stimmung, daß selbst Verwundete bei diesem Angriff ihre Reihen
nicht verließen, und so wurden die Russen zurückgeworfen, das
Gehölz selbst besezt und bis zum Ende der Schlacht gegen alle
Angriffe behauptet. – *Chambray*[20], sagt von demselben Angriff. –
Das 9t Corps behauptete eine bewunderungswürdige Bravour in
dem abwechselnd seine Infanterie und seine 300. Mann Kavallerie
auf den Feind einstürmten. Ja es nahm sogar einen rechts unterhalb
Studienka einen Kanonen Schuß weit gelegenen Wald wieder weg
den ihm der Feind abgenommen hatte, und behauptete denselben
bis am Abend.
CRuhe im Juny 1828

Doch nun kam Befehl, das Wäldchen mit Sturm zu nehmen, was dann rasch ohne großen Verlust von uns ausgeführt wurde. (: während des Sturmmarsches, dicht am Wäldchen fand ich ein Buch; ich laß im Laufen den Titel, es waren Bürgers Gedichte:) Nun hatten wir zwar den Rand des Gehölzes im Besitz, mußten aber erst den Feind durch das Dickich hindurch und jenseits hinauswerfen, was mit Behutsamkeit vollzogen werden mußte indem man hinter jedem Busch einen oder auch mehrere Feinde traf, die ruhig lauerten, um ihren Schuß oft nur auf 10. bis 12. Schritte gut anzubringen. Hier kam es darauf an, wer beim Erblicken zuerst feuerte nach den vielen Rußen die tod und bleßirt im Gesträuche lagen und unserm Avanciren nach zu urtheilen waren die aufmerksameren und schnelleren auf unserer Seite. Wir drängten den Feind in weniger als einer halben Stunde bis an den jenseitigen Rand des Waldes; dort kam ihm eine Verstärkung zur rechten Zeit und er machte Mine sich hier fest zusetzen. Um diß zu verhüten, drangen wir in Sturmmarsch vor und warfen ihn in's Freie hinaus; hier standen die Rußen und ließen sich zusammen schießen, ohne uns viel Schaden thun zu können. An den linken Flügel meiner debandirten Compagnie lehnte L: D: mit einer Compagnie vom driten Regiment, er kam zu mir und sagte, wir wollen hinaus und die Kerls weiter jagen; ich wollte nicht nein sagen, wiewohl ich das Unnöthige und Unbesonnene dieses Unternehmens einsah; wir traten nun zugleich aus dem Gehölze vor und im Augenblick hatte D: einen Schuß im Halse der ihn das Leben kostete. Wir zogen wieder in das Gehölz, der Feind verdoppelte sein Feuer, weil ihm wieder Verstärkung zugegangen war. Man sah an deßen Bewegung, daß er Lust hatte, den Wald zu erstürmen; wir stellten deßhalb alles Feuern ein und kaum hatten wir die Leute von dem Vorhaben des Feindes in Kenntniß gesezt; so ertönte auch schon das Hurra Hurra. Wir empfiengen sie aber mit solch einem Feuer daß sie kaum hundert Schritte vorrückten, wobei sie denn unserem Feuer noch mehr ausgesezt waren; sie zogen sich zurück und verdoppelten ihr Feuer, als auf einigen Puncten die unsrigen aus dem Gesträuch hervor traten. In diesem Augenblick wurde mir ein Unterofficier in den Kopf geschossen; zwei von meinen Leuten wollten ihn wegtragen; ich kehrte mich nach ihnen um und befahl ihn liegen zu laßen und in der Linie zu bleiben. Kaum hatte ich den Mund geschloßen, so erhielt ich einen Schuß auf mein rechtes Schulterblatt. Weil ich das warme Blut den Rücken hinunter laufen fühlte gieng ich zum Oberlieutenant Breßle, der mit dem linken Flügel seiner Compagnie an meinen rechten lehnte, und fragte ihn, ob meine Wunde wohl von Bedeutung sey? Er meinte, auf jeden Fall wäre es gut, wenn ich zurück ginge; doch als der Schlag den ein solcher Schuß verursacht, versaußt war, und die Wunde nicht stark blutete, begab ich mich wieder zu meiner Compagnie. Aber nicht lange sollte ich die Freude haben, bei meinen Leuten zu bleiben;

eine zweite Kugel traf mir den rechten Ober Arm
so empfindlich daß mir mein Säbel aus der Hand
mehrere Schritte vorwärts auf die Erde fiel, und
mein ganzer Arm steif wurde. Ich glaubte nicht
anders, als der Arm seye zerschmettert, war also
zum ferneren Gefechte unfähig und gieng, weil es
mir anfing Dunkel vor den Augen zu werden, auf
das Zureden von Breßle und anderer mit meinem
Burschen Thoma langsam zurück. Während des
Zurückgehens sah mein Bursch daß mein Mantel
ausser den beiden Löchern welche die mich
getroffenen Kugeln zurückgelaßen, noch fünf
andere hatte, wo von eine Kugel besonders
gefährlich hätte werden können, indem sie gerade
über die Brust weg gestreift haben muß. (den
Mantel habe ich mit hieher gebracht und wollte
denselben zum Andenken aufbewahren, aber ein
gewesener Officier vom 4.ten Regiment lieh denselben und gab mir ihn nicht wieder.)
Kaum waren wir in der Mitte des Wäldchens so
kam ein Kugel-Regen von der rechten Flanke. Die
Rußen hatten den rechten Flügel umgangen und
wollten nun eindringen. General Lingg[21] eilte
mit der Grenadier Compagnie vom linken Flügel
herbei und warf sich dem Feind entgegen. Im
vorüber gehen fragte er mich, wohin ich bleßirt
wäre nicht lange darauf wurde Er auch bleßirt. –
Als der Wald anfing licht zu werden, platzte
schon hie und da eine Granade, und dies nahm zu
je mehr wir uns den Brücken näherten, denn die
Rußen beschoßen den großen Haufen, der mit
Plünderung der Wagen beschäftigt war, so wie

jenen, der sich drängte hinüber zu kommen, unaufhörlich. Ich langte endlich bei der großen Maße an und stand wenigstens eine Stunde, ohne einen Schritt vorwärts zu können. Ungefähr 6. Schritte vor mir erblickte ich einen baierischen Chevauxleger noch in voller Kraft auf einem Pferd sitzen mit einem an der Hand; vergebens suchte ich mich zu demselben hin zu drängen, bis endlich mein Bursch mit Hülfe einer Axt, welche er von einem Wagen nahm, mir einen Weg bahnte. Der Baier ließ mich auf sein Handpferd sitzen, versicherte mich aber zugleich, daß er schon 3 Stunden warte und nicht einen Schritt vorwärts gekommen sey. Das Gedränge nahm immer mehr über Hand, je kräftiger die rußische Batterie ihr Feuer anbrachte. Es war ein jammer voller Anblick, wenn mehrere Granaden in die dichte Maße einschlugen und platzten; ohne alle Schonung wurden die Verwundeten zu Boden getreten; denn jeder wollte den Moment nützen und den Platz einnehmen, der durch die Kugel augenblicklich entstand. So kam es, daß der mit Leichnamen oder Sterbenden bedeckte Boden sehr gefährlich zu betreten war, denn wenn einer das Unglück hatte, nur auf ein Knie nieder zu sinkend; so wurde er gleich vollends nieder getreten und war dann ohne Rettung verloren. Ein solches Schicksal stand mir bevor. Mein Gefährte und ich, durch das Beispiel einiger Französischer Cavalleristen angefeuert, versuchten nun auch auf alle Art der Brücke näher zu kommen. Wir hatten dabei die Säbel gezogen, ich den meinigen

zu meinem Glück in der linken Hand, weil ich
den rechten Arm nicht aufheben konnte. Kaum
war es einige Schritte vorwärts gegangen was wir
zum Theil durch Drohungen erzwangen, so ward
ich an meiner Säbelscheide von einem auf dem
Boden liegenden so stark auf die Seite abwärtsge-
rißen und wäre auf diese Art verloren geweßen,
wenn ich nicht gleich einen Hieb herab geführt
und mich dadurch von der *Hand die mich hielt,
befreit hätte.**

Aber damit sollte ich noch nicht genug haben,
eine noch weit größere Gefahr hatte ich vor Errei-
chung der Brücke zu erstehen. Wir kamen nem-
lich nun der Brücke mit der größten Anstrengung
auf der Seite so nahe daß wir nur noch durch
einen Haufen von Leichnamen von ihr getrennt
waren. Gerade von vornen auf dieselbe zu kommen, hatten wir zu lange vergebens versucht; wir
mußten also das Gefahrvollste unternehmen;

Niemeyer[22] erzählt hier L: 1817. Und es erhob sich ein wüthender
Kampf zwischen denen zu Fuß und denen zu Pferde, und die
Haufen der Erschlagenen, Zertretenen und Geräderten thürmten
sich zu einer solchen Höhe, daß gar bald aller Zugang verstopft war.
*Wer jezt noch die Brücke erreichen wollte, mußte zuvor über die
Hügel von Unsern und Leichnahmen hinwegklettern:* dann aber
ergriffen diejenigen, welche niederlagen und noch lebten, *die Kltte-
rer bei den Beinen um sich wieder aufzuhelfen* und ließen nicht los,
bis sie mit mörderischer Gewalt wieder niedergestoßen waren. – – –
die besten Freunde, mordeten einander um den Vortritt auf die
Brücke. – Weil die Beschreibung von meinem Übergang über die
Brücke übertrieben scheinen könnte, so seze ich die Schilderung
jener Schreckensscenen von Niemeyer hieher, welche so auffallent
mit der meinigen übereinstimmt als wäre sie nach meiner Erzählung
entworfen.
Carlsruhe im April 1828. C S:

mein Begleiter versicherte mich, daß mein Pferd
noch stark genug sey, den Satz auf die Brücke zu
thun; ich versuchte es also und kam glücklich auf
den Haufen; aber im Augenblick, als mein Pferd
mit beiden Vorderfüßen sich auf die Brücke
schwang, wich der Haufe unter den Hinterfüßen;
schon begann ich mit dem Sattel abwärts zu
rutschen, als mein Begleiter der dicht hinter mir
war, mein Pferd mit dem Säbel in's Hintertheil
stach und so war ich im Augenblick auf der
Brücke und gerettet. Bei diesen raschen Bewegun-
gen meines Pferdes machte ich die Entdekung,
daß ich meinen rechten Arm gut gebrauchen
konnte; denn als ich auf der Brücke war,
bemerkte ich erst, wie ich damit den Hals des
Pferdes fest umschlungen hielt, was ich beim
Herabrutschen so umfaßt haben mußte. Mein
Begleiter, ein guter Reiter, sezte ohne Anstand auf
die Brücke, nun kam es aber darauf an, daß wir
uns, weil kein Geländer da war, in der Mitte
hielten, um nicht, in's Waßer geworfen zu werden, was Hunderten begegnete. Die äußersten am
Rande mußten bei dem stoßweisen Gedränge sich
fest aneinander halten und viele, die nicht gleich
gefaßt waren, wenn der Stoß kam, stürzten hinab
und ertranken. Mit solchen Verunglückten und
andern, die versuchten, auf ihren Pferden über
den Fluß zusetzen, war derselbe zur Hälfte ange-
füllt, und jeden Augenblick sah man neue Opfer,
die sich vergebens anstrengten durch Schwimmen
dem Tod des Ertrinkens zu entgehen denn ein
schneidender Eisrand an beiden Seiten des Flu-

ßes hinderte die unglücklichen aufs Land zu steigen. Nun hatten wir endlich die Brücke paßirt
und waren glücklich am jenseitigen Ufer. Ich
ersuchte meinen Begleiter, auf mich zu warten,
bis ich wieder aus der Hütte zurück käme, in
welcher die Ärzte die Verwundeten verbanden;
dort wurde ich gleich untersucht und glücklicher-
weise keine meiner Wunden von Bedeutung
gefunden. Die am Arm war ein starker Prell-
schuß, welcher Mantel, Uniform, Leibchen und
das Hemd durchschlug, aber auf der Haut keine
Öffnung machte, sondern dieselbe nur schwarz,
blau, und grün färbte. Bedeutender war jene auf
dem Schulterblatt; hier war die Haut offen und
eine kleine Vertiefung in den Knochen, so daß
beim Ausziehen des Hemdes die Kugel erst herab-
fiel. Ich bekam einen Lappen in etwas Geistiges
getaucht daraufgelegt mit der Weisung, solchen
in Zukunft mit Urin anzufeuchten. In dieser
Hütte lagen Fröhlich und Nau beide schwer verwundet. Ich nahm Abschied von ihnen und eilte
hinaus, um meinen Begleiter wieder aufzusuchen,
und zu sehen, ob mein Bursche nicht auch auf
dießeitigem Ufer angekommen sey; aber ich fand
keinen von beiden; – die Rußen hatten einige
Vortheile errungen und sezten dem großen Haufen nun weit stärker zu, was den Übergang über
die Brücke noch weit schwieriger machte und
verursachte, daß eine doppelte Zahl ins Waßer
geworfen, verwundet, und erdrückt wurde. Nach
langem vergebenen Rufen und Erkundigen sezte
ich mit der Dämmerung meine Straße allein fort.

Es wehte ein kalter schneidender Wind; die
Straße war glatt; ich lief so lange bis ich an einem
Feuer, deren Hunderte längst der Straße, jedoch
besezt, waren, eine Zeitlang Unterkunft fand und
gieng dann wieder zu einem andern. In dieser
Nacht fand ich keine deutsche Zunge und erfuhr
von den Franzosen die grobste Behandlung. – – – –
Am 29.ten gieng es den Tag hindurch wie die
Nacht zuvor, die Kälte hatte aber so zugenommen
daß es nicht mehr zum ertragen war. Meine Nahrung bestand in zwei kleinen Zwiback, die ich für
einen Preußischen Thaler von einem Franzosen
gekauft hatte. Die Nacht lag ich in einem Stall
worin noch ein Haufe Stroh war. Aber kaum
schlief ich recht gut; so weckte mich ein Geschrei
und siehe! der ganze Stall stund in Flammen. Ich
stürzte hinaus und ließ Hut und Naßtuch [23] in
den Flammen zurück. Das einzige Tuch welches
ich noch in meinem Büchsensack hatte band ich
um den Kopf und legte mich unweit des brennenden Stalls hin. Als ich wieder erwachte, war mir
meine Pfeife die ich von Herrn Schwager Schrikel
hatte, gestohlen. Am 30.ten wurde ich über alle
Beschreibung angenehm durch die Ankunft des
Bataillons überrascht. Mein Thoma kam auch mit
und weinte vor Freude, mich wieder gefunden zu
haben. Er brachte mir eine große seidene Cou-
verte dicht mit Gold gestickt mit Handbreiten
Spitzen und Goldfranzen besezt. Auf und unter
dieser reichen Decke, die vielleicht in Moskau
einer Fürstin diente, lag ich wie im Himmel, und
gesättigt von einer Welschkornkrütz-Suppe

schlief ich hier im Freien auf dem Boden, wie villeicht tausende zu Hauß nicht schliefen; aber auch nur eine Nacht sollte ich es so gut haben!

— — — —

Am 1.ten December gieng der Marsch ziemlich ruhig fort, ohne daß wir vom Feind beunruhigt wurden; aber mein Bursch verlohr die schöne Decke und alle Lebensmittel.

Den 2.ten bis gegen Mittag gieng der Marsch wieder ruhig fort, bis wir endlich bei *Chotawiczi* Position faßten um die Artillerie und sonstige Wagen durch den Wald paßiren zu laßen, ehe dieselbe durch die Avantgarde des Feindes eingeholt würden, dies gieng aber schlecht, weil nun der große Haufe sich auch in den Wald hinein drängte. Die Straße war gepropft voll, so daß nicht daran zu denken war auf derselben fort zu kommen; es mußte sogar damit nur einige Bewegung in den Haufen kam, unsere Cavallerie in die Maße einhauen, um wo möglich, der Artillerie Platz zu machen. Die Infanterie bekam Ordre zerstreut durch den Wald zu laufen; es war eine vollständige Deroute, die durch das klein Gewehr- Granaden- und Kartätschen- Feuer des Feindes noch vergrößert wurde. Ich fühlte bei diesem schnellen Rückzug, daß ich durch den Blutverlust und die Erschüttertung, welche mir die Wunden verursacht hatten Doch geschwächt worden war, und folgte, als wir den Wald im Rucken hatten, dem Zureden des Doctors und gieng die Straße fort ohne mich auf zuhalten. — Hier in dem Dorf *Ezerenicza* das durch Granaden vom Feind in Brand gesteckt worden, mußte

Lieutenant Fröhlich, der mit noch andern Bleßir-
ten in einem Hause war, verbrennen; einige die
noch soviel Kraft hatten heraus zu kriechen,
erzählten, wie sie sein letztes Gewinsel im Feuer
gehört hätten. Auf diesem Marsche kam ich mit
Capitaine St'Ange zusammen. Dieser hatte einige
Lebensmittel, die wir uns in der Nacht am Feuer
gut schmecken ließen. – –

Den 3.ten hatte die Kälte wieder sehr zugenommen. Gegen Mittag verlohr ich im Gedränge meinen Begleiter und meinen Thoma, nun hatte ich
auch gar keinen Bekannten mehr unter dem großen Haufen; Am Abend wurde ich durch einen
empfindlichen Schmerz an meinem linken großen
Zehen sehr im Gehen gehindert. und mußte die
ganze Nacht ohne Ruhe, von Feuer zu Feuer, und
fand lauter unbekannte, rohe, gefühllose Menschen, die ruhig mit ansehen konnten, wenn ihr
Cammerad neben ihnen erfror, während sie am
Feuer brateten.

Den 4.ten gieng vollends ein schneidender Wind;
die Straße war glatt wie ein Spiegel; schon sah
man hie und da während dem Gehen Leute
zusammenstürzen und sterben von Hunger und
Kälte übermannt. Auch mir drohte dieser Tod,
denn seit gestern hatte ich eine große Gelbrübe in
den Hosen stecken, von der ich von Zeit zu Zeit
ein Stück abbiß; diese gieng zu Ende und ich
hatte nicht die mindeste Aussicht, etwas anderes
zu bekommen, der Schmerz an meinem Zehen
nahm immer zu und erschwerte mir den Marsch
recht sehr. Auf einen Tag wie dieser, kam eine

Nacht, die mich vollends fürchten ließ, längstens
Morgen den früher Gefallenen zu folgen. Die
Kälte hatte so zugenommen, daß keiner es wagte,
vom Feuer weg nach Holz zu gehen. Auf dieser
Art waren die Feuer dicht besetzt und nur der fand
Raum dabey, der ein Stück Holz brachte. Nach
vielen vergebenen Versuchen mußte ich mich
entschließen, statt zu ruhen, einem großen Feuer,
welches vielleicht eine Stunde entfernt war, nach
zu gehen. Die Straße war beinahe leer, nur höchst
Elende, welche die Verzweiflung noch auf den
Beinen hielt, liefen jenem Feuer zu. Hier fielen
eine Menge dieser Elenden.*

So wie einer zu Boden sank, wurde er von seinen
eigenen Unglücksgefährten, um deßen Kleider
zur Dekung und eigenen Rettung zu bekommen,
alles Sträubens ungeachtet und ohne Barmherzig-
keit ausgezogen. Wie mancher Greuel wurde hir
in dunkler Nacht verübt und später am Tage
auch offen getrieben! nicht selten mußte beim
Theilen der Kleider wieder einer der Streitenden
sein Leben laßen. Zwischen 11. und 12. Uhr
ungefähr langte ich bei jenem Feuer an, es waren

---

*Chambray[24] sagt hier. — Das so mächtige Gefühl der Selbsterhal-
tung erzeugt einen Egoismus und eine Härte die kaum glaublich
sind; hier wurden die traulichen Bande der Freundschaft zerrissen,
die Sterbenden hauchten unter Verzweiflung ihren letzten Seufzer
aus. Jedes Mittel schien erlaubt um sich das Leben zu fristen; *man
sah Soldaten ihre der Krankheit erliegenden Kameraden auskleiden,
und so deren lezten Augenblick beschleunigen.* — Niemeyer[25]
erzählt. Nicht selten sahe man Sterbende sich mit den Zähnen *gegen
diejenigen wehren welche ihnen die armseligen Lumpen zu früh
vom Leibe reißen wollten*, um sich damit zu umhüllen.
Chruhe im Juny 1828

einige brennende Häußer, um welche sich eine Menge Volk gesammelt hatte. Hier konnte man zwar Platz erhalten, hatte aber wegen des Rauchs, der die Augen beinahe außbiß, wenig Erhohlung und vielmehr doppelte Qual, indem man zu weit von der Brandstelle entfernt bleiben mußte und auf der dem Feuer abgekehrten Seite beinahe erfror. – – Ich befand mich in der Nähe von Franzosen, einer derselben gieng um den beim Feuer Schlafenden, ihre Lebensmittel weg zu stehlen; er kam auch glücklich mit einem Säckchen voll Mehl; welche Freude! ich bot ein Stück Geld, wenn ich Theil an der Suppe nehmen dürfte, die nun gemacht werden sollte. Schon wurde begonnen, die Suppe mit Pferdefett in einem kleinen Kaßerol zu rösten, unter der Sorge daß wir sie vielleicht mit dem Leben zahlen müßten, indem eine Menge Elender sich um uns sammelte, die alle davon wollten; schon waren wir entschloßen, unser Leben an die Suppe zu setzen, als auf einmal unser vermeintes Mehl in blauer Farbe in Flammen aufschlug; es war Schwefel und kein Mehl! Ich hatte schon bei dem Gedanken an die Suppe meinen Zipfel Gelbrübe vollends verschlungen und war nun gänzlich von Lebensmitteln entblößt. Eine schöne Aussicht für den Morgen! * –

* Auf diesem Ma[r]sch sah ich Napoleon ohngefähr zwei Stunde von Smorgoni. – Er gieng vor seinem mit vier Pferden bespanten Wagen her, in Bekleidung von Berthier, er hatte einen grünen Talar mit rothem Pelze besezt an, und eine Kappe von gleichem Zeug auf dem Kopf, sein Außehen war frisch und heiter. – Von hir aus verließ er die unglückliche Armee und reisete in größter Eile nach Paris. [26)]

Den 5.ten lief ich unter dem großen Haufen ganz eingewickelt in mein Mäntelchen einer Chaise nach, da man hinter ihr gegen den schneidenden Wind mehr geschützt war. Nach einiger Zeit sah ich den, der hinten aufsaß im Gesicht, und erkannte den ehemaligen Unterofficier Ridinger von unserm Bataillon (:jezt Kriegskanzley-Diener:) von dem ich erfuhr, daß in dem Wagen Herr General von Franken und Herr Kriegscommißaire Hauer säßen. Ich verließ den Wagen nicht mehr, und kam in Gesellschaft dieser Herren in ein Hauß über Nacht und erhielt Mehlsuppe zwar sehr sparsam aber es war doch Eßen und daher ein schätzbarer Fund.

Den 6.ten December lief ich wieder hinter meinem Wagen und mußte zuweilen auf einem Fuß hopfen indem mein erfrorner Zehen zu sehr schmerzte. Noch einmal hatte ich das Glück in einem Hause einige Stunden zu ruhen und etwas Mehlsuppe zu erhalten; aber nun kam es am 7.ten desto schlechter. – Ich verlohr den Wagen und lief bis gegen Abend ohne einen Menschen nur anzureden; heute hatte die Kälte den höchsten Grad erreicht; die Straße war besäet mit Toden und Sterbenden; der Mangel war entsetzlich; um die gefallenen Pferde rauften sich hunderte, hauptsächlich um das Geläng, was immer zuerst heraus geschnitten wurde. Ich hatte das Glück bei solch einem Streit ein Stück Leber zu erwischen, was ich mir auch trefflich schmecken ließ. An demselben Feuer, wo ich meine Leber braten ließ, saß ein alter Mann mit einem Sack auf dem Rücken;

ich hörte daß er teutsch sprach, er war Oberst in Sächsischen Diensten Namens von Bocksberg. Wir machten Freundschaft und ich erbot mich den Sack zu tragen, er sah daß ich selbst schlecht zu Fuß war und ließ es nicht zu. Wir liefen noch eine große Strecke und machten mehrere Versuche an einem Feuer Aufenthalts-Erlaubniß zu erlangen, aber vergebens: überall wurden wir mit den härtesten Ausdrücken abgewiesen und so mußten wir in dieser fürchterlichen Nacht, wo Hunderte am Feuer erfroren sind, herum irren, bis wir endlich gegen 2. Uhr ein kleines Feuer fanden woran noch 2. Lebende saßen und 3. Tode lagen. wir schoben eilends 2 Leichnahme auf die Seite und nahmen Platz. – Der blecherne Becher den mein Begleiter mit der Handhabe am Rockknopfloch befestigt hatte, wurde abgenommen und aus dem Sack grobe Welschkorngrütze mit Schnee an's Feuer gestellt und als es ein wenig gequollen war, mit Hast verzehrt. Mein alter Begleiter, überwältigt von Müdigkeit und Kälte, schlief bald ein mit dem Kopf auf seinem Sack ruhend. Ich suchte aber sogleich die Öffnung des Sacks zu finden und aß noch einige Hände voll rohes Welchkornkritz.*

---

*Niemeyer[27] erzählt. – Neben dem Frost wüthete nicht minder der Hunger. Kleie, an Bretter geschmirt und durch rings um angezündete Feuer gedörrt war der seltenste und köstlichste Leckerbißen. Diejenigen, welchen es so gut nicht wurde, nagten an den letzten Sehnen der Pferdegeripre wo bereits die Wölfe das beste weg hatten; manche zerbißen sich die eigenen Arme, um sich durch das warme Blut zu erquicken. Aller Orten grauseten durch den Schnee die gräßlich entstellten Gesichter der Hingeschiedenen hervor. *Cham-*

Bei dem großen Elend verzieh ich mir diesen Diebstahl ohne bedenken. Unser kleines Feuer nahm immer mehr ab und die Kälte gegen Morgen immer noch zu, so daß man im Schlaf leicht erfrieren konnte. Ich weckte meinen alten Freund und wir machten uns auf den Weeg neuem Elend entgegen sehend.

Am 8.ten sahen wir wir allenthalben Tode an den abgebranten Feuern liegen, und oft bemerkte man lange eine Blutspur im Schnee bis man endlich auf einen oder mehrere stieß, welche keine Fußkleidung hatten, deren Zehen in einen Fleisch Klumpen verwandelt, heraus sahen und bluteten; solche Unglücklichen wankten fort bis sie endlich liegen blieben. Andere waren blind,*

brays[28)] sagt hir – – – Bald bot die Heerstraße einen gräßlichen Anblick dar; sie war mit Leichen von Menschen und Pferden übersäet, und von einer Menge Unglücklicher bedeckt, die sich kaum fortschleppen konnten, wärend andere von Hunger Strapazen und Kälte gefoltert ihren Geist ausstöhnten.
CRuhe im Juny 1828.

* Niemeyers [29)] Schilderung stimmt auch hir mit mir so auffallend überein daß ich nicht omhin kann selbe hieher zu setzen. Ohne Unterlaß bereiteten sich gänzlich Ermattete ihr Sterbelager im Schnee. Eine große Menge Anderer verbranten an und in den Wachtfeuern oder in den lodernden Dörfern, da ihre Ohnmacht sie hinderte, der um sich greifenden Flamme zu entrinnen. Auch die welche sich etwa aus der Glut, halb versengt, noch aufgeraft hatten schlichen wie dunkle Geister der Unterwelt, eine Weile besinnungslos und wimmernd unter ihren todten Gefährten umher, stürzten dann plötzlich nieder und starben. Manche hatte der Wahnsinn ergriffen, diese steckten ihre nackten Füße voll eiternder Frostbeulen in die glühenden Kohlen oder warfen, unter gräßlichem Gelächter, sich mit dem ganzen Leibe hienein und krimmten sich und heulten, bis sie Todt waren.

oder närrisch, die leztern sah man mit dem Feuer
spielen und mit freundlicher Miene zusehen, wie
die Kohlen ihnen die Hände verbrannten, die im
höchsten Grad Zerrütteten beugten den Oberleib
über das Feuer und liesen sich freundlich grinzend langsam braten. Einen solchen Tod starb
Feldwebel Kohler von der Compagnie in welcher
ich gestanden hatte. Das durch Kälte, Hunger
und ununterbrochenen Marsch ohne Ruhe
erzeugte Elend hatte den höchsten Grad erreicht;
nur der Gedanke die Stadt Wilna zu erreichen, wo
noch Lebensmittel zu hoffen waren, spornte die
letzten Kräfte an. – Wir liefen auch, sogut wir
konnten und nahmen uns nicht Zeit, unser
Welschkorngrütz zu kochen, sondern aßen ihn
roh im Gehen, aber es war noch weit und erst am
Abend kamen wir bei dem Haufen der sich durch
die Wagen womit die Straße verstellt war, in die
Stadt drängte, an. Hier wurde noch mancher
erdrückt, der sich so höchst mühsam bis daher
geschleppt hatte. Wahrscheinlich hatte meinen
Begleiter dieses traurige Schicksal auch getroffen.
Wir versuchten nehmlich an verschiedenen Stellen einzudringen, aber umsonst; endlich gewahrte
ich einen Wagen, der so dicht am Graben stand,
daß man sich an die Räder anklammern mußte,
um hinüberzukommen; hier stieg ich voran um
meinem Gefährten die Hand zu reichen als ich
mich aber nach ihm umsah, war er verschwunden
und ich konnte nichts mehr von ihm erfahren, ich
drängte mich, nachdem ich wenigstens eine
Stunde auf ihn gewartet und seinen Nahmen

gerufen hatten, in's Thor hinein und eilte nun
dem großen Haufen nach, um meinen Heißhunger auch zu stillen. Es müßte für einen Mann, der
gerade aus ruhigen Verhältnißen hätte hierher
treten können, ein schrecklicher Anblick gewesen
sein, wie die in Lumpen gehüllten Skelete mit
einer Wuth über die Speisen her fielen. Bei meinem Eintritt in ein Hauß saß gleich an der Thüre
einer mit einer Platte voll Eßen, ich wollte mich
bei ihm zu Gaste bitten; er verneinte es mit dem
Kopf und fraß, die beiden Hände über die Schü-
ßel haltend, mit dem Mund von der Platte, um ja
nichts zu verlieren, ich wiederholte den Versuch
noch bei einigen, weil es gar lange dauerte bis
man von dem Verkäufer etwas erhalten konnte,
aber keiner gab etwas ab, ich erhielt endlich
gegen einen Preußischen Thaler einen Teller voll
allerlei, gesalzene Fische, Käß x x. Nachdem ich
es verschlungen hatte, eilte ich in ein anderes
Hauß in welchem Brod verkauft wurde, hier traf
ich den Staabs-Auditor Müller, wir beide nahmen
ein Naßtuch voll Brod und giengen damit in ein
Hauß um es in Ruhe zu verzehren. Es war schon
Nacht, alles lag voll, so daß uns nur noch das
Billard übrig blieb, auf welchem wir unser Brod
verzehrten und dann herrlich schliefen. Nach so
langer Zeit wieder einmal gesättigt in einem warmen Zimmer fühlten wir uns von dem wahren
Gefühl des Dankes gegen die göttliche Vorsehung
durchdrungen. Am 9.ten durch den Hunger schon
frühe geweckt, eilten wir gleich wieder in ein
Bäckerhauß. Hier wurde das Brod heiß vom Ofen

weggenommen und verschlungen; auch hier hatte sich noch mancher den Tod geholt. Nun hörten wir, daß unsere meisten Leute im Bernhardiner Kloster sich aufhielten. Wir gingen hin, aber in welchem Zustand fanden wir einen großen Theil unserer Cameraden, unter den vielen Elenden will ich nur des Rittmeisters Sensburg, den man gerade herein geschleppt brachte und des Lieutenants von Müller erwähnen. Ersterer war total gelähmt, und kaum zu erkennen, so entstellt waren seine Gesichtszüge; lezterer hatte beide Füße und beide Hände erfroren, so daß kaum ein einzelner Finger zu sehen war, der erstere starb bald, dem leztern wurden aber die Gliedmaßen noch vor seinem Tode abgenommen. Der größte Theil unserer Officiere lag hier; die meisten krank, mit mehr oder weniger erfrorenen Gliedern. – – Man konnte Wein um billigen Preiß bekommen. Ein junger Mann, nahmens Caprano, brachte denselben aus dem Vaterland; wie wohlthätig der Genuß deßelben war, läßt sich denken. In der Mitte des Zimmers, in dem wir uns aufhielten, lag ein Haufe Briefe und Pakete unter diesen auch ein Päkchen an mich, es waren 3. Paar Socken und mehrere Briefe darin. – Beim Lesen derselben faßte ich den festen Entschluß, unter allen Umständen den Marsch nach Hause anzutreten, wie wohl, als ich meinen Stiefel auszog, der alte Socken mit dem erfrornen Zehen so zusammen gebacken war, daß ich den Socken abschneiden mußte, um mich durch das Aufreisen deßelben nicht allenfalls marschunfähig zu machen. – Auf diesen Socken, von den Händen der Mutter und Schwestern gestrickt, kommst du nach Hause, so redete es mir zu im Augenblick, wenn Freunde mich abhalten wollten, noch einmal hinaus ins Elend zu gehen. (Du bist verlohren hieß es, du wirst gefangen und auf der Straße ausgezogen x x.) Ich versah mich aus dem Magazin mit einem Paar Pantalons und einem Soldaten-Mantel. Mein eines Paar Socken wurden als Handschuh angezogen und so wartete ich die Zeit ab, in welcher der Herr Markgraf Wihelm[30)] uns durch Mayor von Kahlenberg sagen ließ, daß er nun *Wilna* verlaßen werde.* –

Der Abschied von meinen Kameraden that sehr wehe. Sie blieben einem ungewißen Schicksal sich hingebend zurück, und wir giengen noch einmal der Kälte und dem Hungertod entgegen, um uns in dieser verhängnißvollen Zeit dem Dienst deß Vaterlandes zu bringen, und die unsrigen in der Heimath, welche uns verloren glaubten, zu überraschen. Vor dem Abmarsch erfuhr ich noch daß mein Bursch vor dem Thor erfroren sey und zwar aus Anhänglichkeit an mich; er habe, sagten mehrere am Chaußee-Graben gesessen und meinen Namen gerufen, und auf die Erinnerung, er werde erfrieren, gesagt, es sei ihm einerley, er warte auf seinen Herrn. So endete

---

*Nach *Chambray*[31)] und *Schneidawind.*[32)] – Wurden in Wilna 20,000. Verwundete, erfrohrene und Kranke gefangen, 7000. Todte waren aufgeschichtet weil man selbe nicht begraben konnte bis es wärmer ward.
CRuhe im July 1828.

dieser brave Diener; ein Muster der Treue; wie schmerzte mich diese Nachricht selbst in jenem abgestumpften Zustande, wo alle Gefühle außer jenem der Selbsterhaltung erstorben waren!

Den 10.ten um zwei Uhr in der Früh brachen wir vier Officiere vom leichten Infanterie Bataillon nehmlich Hauptmann Huffschmidt, Bachelin, Premier-Lieutenant Breßle und ich nebst ungefähr 20. Unterofficiers und Soldaten als Rest von 800. Mann auf, wir folgten dem Herrn Markgrafen an das Haus des Marschall Victor, von wo aus nun der Zug langsam nach dem Thore gieng. Hier hatte das Ansehen der Generäle doch noch so viel bewirkt, daß die große Maße uns durch das Thor passiren ließ, doch mußten wir lezten uns fest an einander halten, um nicht abgeschnitten zu werden. Wir blieben so beisammen bis an * den Engpaß, ein und eine halbe Stunde von Wilna. Hier stockten wenigstens tausend Gefährte aller Art; hier war eine Wiederholung der Scenen an der

---

*Der Französische Geschi[ch]ts-Schreiber *Chambray*[33] sagt hir. Anderthalb Stunden von Wilna gehet die Straße über den steilen Hügel von *Ponari*. Seit dem 9ten hatte sich hir schon eine Stockung gebildet die durch die Ankunft des Heeres so zunahm daß es sogar einzeln Reuter und Fußgängern ohnmöglich wurde fortzukommen. – Hier wurde alles was noch an Artillerie und Gepäck vorhanden war, die aus Moskau mitgenommenen Trophäen, Napoleons Equipagen und ungefähr zehn Millionen Franken baares Geld im Stiche gelaßen. – Man mußte eine große Menge verwundeter Officire hir zurück laßen, die bis dahin das Glück hatten ihre Wagen zu retten. Kein Geschick war grausamer, sie sahen langsamen Schrittes den Todt nahen der sie so lange bedrohet hatte, und der sie nun in dem Augenblick traf, wo sie im Begriffe waren in dem Hafen einzulaufen. CRh 1828.

Berezina; hier scheiterten die Hoffnungen von hunderten, die eine reiche Beute durch alles Ungemach bis hieher gebracht hatten, oder die glaubten, auf ihren zimlich gut bespannten Wägen sich mit ihren siechen oder erfrornen Körpern wenigstens in's Preußische zu bringen; viele erfroren in ihren Wägen, andere machten als sie sahen, daß alles vergebens war, Feuer in ihre große schöne Glaßwagen und wärmten sich noch einmal an ihrer lezten Hoffnung. Unser Chef vom Generalstab Mayor von Grollmann [34)] wurde hier in seinem Wagen gefangen. Ein jeder sah nun, wie er durch kam. Wir kletterten von Wagen zu Wagen, was mich sehr sauer ankam indem mein Zehen zu empfindlich schmerzte. Breßle und ich blieben beisammen. – Wir kamen langsam über die Menge hinderniße den Berg hinauf, und verfolgten jenseits den Weg, so schnell es gieng, bis wir endlich auf einer Anhöhe links den Ruf des Hauptmanns Huffschmidt hörten – »Was von Baden ist hieher!!! Wir giengen und fanden den Herrn Markgrafen mit seiner Umgebung und noch mehrere Officiere und Soldaten von uns; sie waren beschäftigt ein kleines Rind zu schlachten, welches nachher getheilt wurde. Als wir unsere Portion am Feuer gebraten und verzehrt hatten, gingen wir eine ziemlich große Truppe mit Obrist Brückner; doch unser Häuflein wurde immer kleiner und am Abend als wir uns nach einer Ruhe-Stätte umsahen, waren wir nur noch acht bis zehn Mann und konnten daher auch denen die uns aus dem Hauße vertrieben wenig Widerstand leisten. Bis spät in die Nacht mußten wir laufen und Obrist Brückner war genöthigt um eine viertel Stunde am Feuer sitzen zu dürfen, einem französischen Grenadier einen Napoleon zu zahlen.

Am 11.ten gingen wir Breßle Oberlieutenant Fischer und ich allein; wir hatten einen harten Tag und fanden nichts zu eßen, als erst am Abend in einer Darre; da lagen in dem vier Fuß hohen Raum bei einem brennenden Balken viele Menschen in einander gepreßt; einige kochten eine Art Mehlsuppe und ließen uns für Bezahlung mit eßen.

12.ten Heute sezten die Kosaken dem großen Haufen mehrere mal zu, was hinten war, wurde abgeschnitten geplündert und wieder fort gejagt. Breßle, Cloßmann[35] und ich fanden beinahe keine Unterkunft; ich zog auf einen Lancier der ein Hauß bewachte den Säbel; weil ich lieber so sterben wollte, als jetzt noch erfrieren. Später fanden wir jedoch ein Haus zum Unterkommen. — — Am 13.ten wurde mit aller Anstrengung marschirt, um *Kowno* heute zu erreichen. Cloßmann hatte ein Stückchen Chokolate, welches er mit uns theilte, diß war auch allein die Nahrung an einem Tag, in welchem wir einen doppelten Marsch machten. Gegen Abend langten wir vor *Kowno* an; aber auch hier mußten wir noch einmal kämpfen, um nicht erdrückt oder zu boden gestoßen zu werden. Nach einem anderthalbstündigen Kampf drangen wir glücklich in die Stadt ein und stießen bald auf einen Franzo-

sen der ein Fäßchen daher wälzte. Kaum hat er
unsere Frage, ob Zwiback darinnen wäre, bejaht,
so wurde er von mehreren zugleich überfallen,
das Fäßchen aufgeschlagen und streitend der
Zwiback aufgelesen und eingesteckt. Wir hatten
eine gute Portion erhalten und suchten uns nun
ein Hauß, um daßelbe im Frieden zu verzehren.
Wir wurden aber aus mehreren die schon zu voll
waren weggewiesen und verzehrten unsern Zwiback ohne dabei zu ruhen. Später fand ich in
einem Keller eine Kiste mit Haselnüßen; ich
steckte ein, was ich konnte und theilte mit den
andern. Die Nacht war beinahe vorüber, ehe wir
in einem Hause, worin lauter Französische Generäle auf dem Boden einer in den andern gefügt
lagen, unter kamen. – – –

14.ten Wir mogten kaum eine Stunde geschlafen
haben, so wurden wir durch den Brand eines
großen uns gegen über stehenden Hauses
geweckt, welches schon in vollen Flammen stand;
auch hörte man das Feuer der Rußischen Avantgarde. Wir brachen also auf. – Unterwegs trafen
wir den Hauptmann Huffschmidt. Hier fand man
schon Bauern-Häußer, in welchen Kartoffeln zu
bekommen waren. Am Abend erhielten wir in
einem Hause worin schon mehrere von unseren
Officiers waren, unter andern Hauptmann
Pfnorr$^{36)}$, gute Fleisch-Suppe. Ich kaufte mir ein
Hemd und zog das meinige aus. (Die Officiers
besahen hier meine beiden Wunden das Loch im
Hemde, und die im Mantel). –

Nachdem ein süßer Schlaf uns gestärkt hatte,

brachen wir am 15.ten früh auf; ich konnte wegen
des heftigen Schmerzes an meinem Zehen kaum
fort kommen und hätte gewiß zurück bleiben
müßen, wenn nicht einige Schlitten uns entgegen-
gekommen wären.

Diese wurden aufgefangen, von uns besezt und so
gieng es frisch vorwärts. Hauptmann Hufschmidt, Breßle, Cloßmann und ich hatten einen
Schlitten besezt und kamen bei Nacht in *Willka-
len* an; alles lag hier voll Soldaten und schon
sollten wir weiter, als der edle Bürgermeister
Dukenbach sein Schreibzimmer ganz ausräumen
ließ und uns aufnahm. — Nun waren wir nach so
vielen Leiden das erste Mal wieder unter ordentli-
chen Menschen, assen das erstemal wieder an
einem gedeckten Tisch und schliefen zum erstenmal in Betten die uns die Töchter des Bürgermeisters abtraten, während sie diese Nacht aufblie-
ben, die beiden jüngsten Töchter führten mich in
die Apotheke zum Herrn Werufer. Er und seine
Frau verbanden mir meinen Zehen, nach dem sie
vorher das brandige Fleisch abgeschnitten hatten,
sie gaben mir Salbe mit und ein Paar warme
Filzschuhe an die Füße. Schon bei Tisch fühlten
wir uns bei dem Gedanken, an unsere Rettung
aus dem schrecklichsten Elende und vom
Abgrunde des Verderbens, von tiefer Rührung
ergriffen. Jeder erkannte dankend den allmächti-
gen Lenker unseres Schicksals; aber noch mehr
wurden diese Gefühle erregt, als wir die Wohlthat
der warmen Betten genoßen und darin zum
erstenmal unsere durch und durch gefrorenen

Körper erwärmten; dieser Genuß war uns aber so neu und groß, daß wir die Nacht mehr wachend als schlafend zubrachten. –

Mit Thränen nahmen wir am 16.ten Abschied von diesen Edlen und wünschten Heil und Seegen der Familie Duckenbach.

Wir kamen an diesem Tag nach *Gengenburg.*

am 17.ten *Alenburg.*[37)]

18.ten *Eulau*[38)] (bei Baron von Brauns.)

19.ten *Mehlsack* bei Kaufmann Kuhn. Dieser Mann nahm mich freiwillig ins Quartier und gab mir ein schönes Hemd.

Am 20.ten in einem einzelnen Hause bei Herrn Eng ein recht braver Mann. – –

21.ten *Marienburg* zur Hulda ins Quartier, die rührende Scene Bei unserm Eintrit; die Freude des Superintendenten und seiner Familie über meine Zurückkunft, eben so am 22.ten in *Stuhm* als ich bei der Durchreiße nach *Marienwerder* mich dort zeigte. In lezterm Städchen hatten wir eine freundliche Aufnahme nehmlich im Hause des Kanzleiraths Kalzowf. Hier reinigten wir uns aus dem Fundament wir zogen uns ganz aus und erhielten Wasche vom Herrn des Hauses bis die neue für uns fertig war. Hier liesen wir in den ersten Tagen in der Früh vier Uhr Weißbrod hohlen und aßen selbes vor dem Frühstück, welches wir uns aber dem ungeachtet auch recht schmecken ließen; vor Tisch aßen wir noch einmal und bei Tisch bewunderten die Leute unsern Heißhunger.

Den 31.ten nach *Groß-Kreps* zu armen Bauers-Leuten. Ich bekam des Tages 3. mal Kartoffeln

und war doch recht zufrieden, hier wurde mein
Zehen durch Herrn Doctor Herrmann mehrere
mal geschnitten. –

Am 5.ten Jänner 1813. fuhren Hauptmann Kühn,
Hufschmidt und ich mit dem Wagen auf dem Eis
über die Weichsel nach *Neuenburg*, den 9.ten nach
Landsugern mit Müller und Cloßmann, am 10.ten
über *Duchel*[39)] nach *Slume* mit Müller;

Am 11.ten nach *Lunitz*. Hier fand ich den Seirefair
Ceßmann bei welchem ich logieren mußte.

Am 13.ten gieng es über *Friedland* nach *Langen*,
am 14.ten über *Jastrow* nach *Zambow* mit Müller
und Cloßmann

am 15.ten über *Cronen*[40)] *nach Breitenstein* (zum
Schulz) allein, am 16.ten nach *Schloppe* mit Cloßmann (bei einem Juden).

Hier brachen wir früh auf, weil es Lärmen gab,
die Kosacken seien in der Nähe und fuhren für 7.
Thaler über *Vollenberg* und *Friedeberg* (hier der
brave Hauptmann von Malzahn:) nach *Landsberg*, wo ich am 17.ten mit Cloßmann im Wirths-
hause logirte. – – Am 18.ten gieng es über *Viere*
nach *Groß-Lamin* (Quartier mit L: bei einem
Bauern)

am 19.ten nach *Küstrin* (wir 3. zusammen beim
Brandweinbrenner Vogt) Lustspiel!

Den 20.ten durch *Münchberg* nach *Buicow* in die
Mühle; die Kartenschlägerin!

21.ten über *Landsberg* nach *Berlin*. Es war schon
dunkel, als ich von dem Wagen vor dem mir
angewiesenen Quartier abgeladen wurde. Meine
Kameraden fuhren weiter und ich zog die Glocke.

Eine weibliche Stimme fragte wer ich wäre? aber kaum hatte ich erwiedert Einquartierung! so wurde mir die Thüre vor der Nase zu geschlagen mit den Worten: scher dich zum Teufel! Auf meine Antwort, mir scheine, da hätte ich nicht weithin, wenn nur die Thüre offen wäre, fragte Sie durch die geschloßene Thüre, ob ich denn ein Officier wäre und als ich das bejahte, sagte sie: es thue ihr leid, daß sie mich nicht aufnehmen könne. – Nun leg ich mich, sprach ich hier auf die Schwelle und hole in Berlin den Tod, dem ich in Rußlands Eisfeldern entgangen bin. Jetzt gieng schnell die Thüre auf und eine dicke Frau von etlichen 40. Jahren trat freundlich vor mich hin mit den Worten: Nun tretten Sie man herein, Sie böser Franzose. – Nun fand ich die freundlichste Aufnahme und Behandlung; die Alte erröthete, wenn ich sie an den schönen Empfang erinnerte und bat davon zu schweigen. Ich mußte Rasttag bei ihr machen. Hier erhielt ich von Hause ein Kistchen mit Kirschenwaßer und Zwiback, mit welchem ich die Gäste meiner Madame Rochow (:es war nehmlich ein Freimaurer Club bei ihr) herrlich bewirthete. In diesem Hause besuchte mich auch Herr Profeßor Böck ein Carlsruher von Geburt.

Am 23.ten kam ich nach *Potzdam.*

am 24.ten über *Luckenwalde* nach *Zinna* dem letzten preußischen Ort, in die Mühle mit Müller,

am 25.ten über *Jüterbock* (erstes sächsisches Städtchen) nach *Wittenberg,* wo wir das Grab Luthers sahen, und die erste Chaise erhielten;

Am 26.ten über *Kemberg* nach Düben. In diesem netten Städtchen war kurz vorher die Kirche eingestürzt; auch hier bekamen wir eine Chaise.

Am 27.ten trafen wir in *Leipzig* ein. Schon an dem Thore wurde unser Wagen umringt. Man bestürmte uns mit Fragen; dieß vermehrte sich, je weiter wir in die Stadt hinein kamen, so daß es mehrere Stunden dauerte, bis wir die Quartiere bezogen. Das meinige war in der Nicolaus-Straße, im Gasthause zum Goldenen Horn.

Am 28.ten verfolgten wir unsern Marsch über *Lützen* (wo wir den Denkstein des Schwedenkönigs Gustav Adolf sahen) und über *Weisenfels* nach *Naumburg.* dort kam ich in die Apotheke und hörte, daß hier noch alle Jahre ein Fest gefeyert wird, wobei die Kinder festlich gekleidet ausziehen und eine viertel-Stunde vor der Stadt mit Kirschen bewirthet werden; Demnach scheint doch der Sage von den Hußiten vor Naumburg ein geschichtliches Ereigniß zum Grunde zu liegen. –

Am 29.ten gingen wir über *Rudelstadt* nach *Erfurt,* wo wir mit einem Wagen abgespeißt wurden. –

Am 30.ten über *Gotha,* eine freundliche mit schönen Gärten umgebene Stadt, nach *Eisenach,*

am 31.ten nach *Vacha an der Werre*; ein elendes Städtchen wo wir blieben, weil wir keine Fuhre erhalten konnten;

am 1.ten Februar über *Hünefeld* nach Fulda (:hier von Egloffstein:)

am 2.ten marschirten wir über *Schlüchtern* nach Gelhausen bis wohin uns Egloffsteins Vater begleitete, am 3.ten über *Hanau* nach *Frankfurt,* wo mich Herr Sommerschuh von Carlsruhe besuchte

am 4.ten über *Darmstadt* nach *Heppenheim,* und

am 5ten nach *Heidelberg.* Auch hier war unser Wagen so lange wir hielten, umzingelt theils um uns zu sehen, theils um uns auszufragen. Ich kam in die Hirsch-Apotheke zum Herrn Nipper ins Quartier. Auch dort war ich stets von Neugierigen umlagert, die mich kaum eßen ließen, indem ich stets erzählen sollte.

Endlich fuhren wir am 6.ten über *Wisloch* nach *Bruchsal.* dort kam ich zu Herrn von Müller, den Eltern meines Reise-Gefährten. Wir kamen um 2. Uhr Nachmittags an und wollten über Nacht bleiben; es gieng hier wieder, wie in Heidelberg; stets füllten Neugierige das Zimmer. Eben war ich im untern Zimmer mit verbinden meines Zehen beschäftigt, als ein Wagen vor das Haus an rollte und ich von der Stimme des Freundes Hormes die schallenden Worte vernahm: wo ist er denn? wo ist er? Auf flog nun meine Thüre und Hormes lag in meinen Armen, ebenso Bruder Wilhelm. Nun haben wir, so hieß es, noch einen mit gebracht; hier ist er! es ist Bruder Fritz! Kaum traute ich meinen Augen ich fühlte mich wundervoll überrascht, denn diesen hatte ich seit seinem 16ten Jahre nicht gesehen, und in dem von meinen Eltern zuletzt erhaltenen Brief hieß es, Bruder Fritz seie tödlich verwundet und von den Spaniern gefangen. Gränzenlos war daher meine Freude, unsere Umarmungen nahmen fast kein Ende; alle Umstehende weinten und wurden noch

mehr gerührt, als sie hörten, daß wir beiden
Brüder zu gleicher Zeit in Spanien waren und
gegeneinander als Feinde standen, daß beide,
Fritz in Spanien tödliche und ich in Rußland zwei
Wunden erhalten hatten, und daß wir nach so
langer Trennung und so vielen Schicksalen uns
nun das erstemal wieder sahen. Jetzt machten wir
uns gleich zur weitern Reise fertig. In dem mit
vier Pferden bespannten großen Glaswagen welchen Freund Hormes zu meinem Abholen von Sr.
K: H: dem Großherzog erbeten hatte, flogen wir
über Stock und Stein und kamen mit der Dämmerung in Durlach an. Dort wurde auf dem
Marktplatz halt gemacht um den Oncle Spezial zu
besuchen. dieser empfing uns mit sichtbarer Rührung und erquickte uns mit herrlichem Wein.
Mein Anzug machte hier wie überall besonderes
Aufsehen, er bestand in einer Pelzkappe, einem
Soldaten-Mantel, über welchem mein zerlöcher-
ter Kragen hing und in Soldaten-Pantalons; am
rechten Fuß hatte ich einen Filzschuh; der linke
aber war mit einem Schaaffell umwickelt, weil
mein Zehen nichts hartes leiden konnte; unter
dem Mantel hatte ich noch die Uniform und
meinen Säbel. –
Die Sehnsucht die Meinigen, die meiner in Carlsruhe harrten zu sehen, stieg nun mit jeder Minute.
Wir verkürzten daher unsern Aufenthalt beim
Onkel und eilten in den Wagen. Ein eigenes weh-
müthig freudiges Gefühl ergriff mich, als wir die
Durlacher Allee heraus fuhren; der Gedanke:
nach so vielem überstandenem Ungemach geht es

nun in die Arme aller lieben Verwandten und
Freunde, machte mich stille und weich, wie vor 3.
Jahren, als ich nach einer 6. jährigen Abwesenheit
in Kriegsungemach und Gefangenschaft aus Spanien zurückkehrte. Endlich kam die erharrte
Stunde des Wiedersehens! zwischen 8. und 9. Uhr
langten wir am Elterlichen Hause an; die Familie
war hier versammelt; es floßen Thränen die
Menge, theils der Freude theils des Jammers
wegen meines elenden Aussehens. Auf das grän-
zenlose Ungemach folgte nun die Zeit der Pflege
und Erholung. – Die Ruhe und regelmäßige
Lebensart wollte uns aber lange nicht behagen.
Die Zimmerluft war uns zu schwühl; der durch
unsägliche Strapatzen durch Kälte, Hunger und
durch den Genuß schlechter Nahrungsmittel in
uns gelegte und keimende Krankheitsstoff entwi-
kelte sich allmälich und raffte viele von meinen
Kameraden hinweg. Auch ich hatte einen Anfall
von Nervenfieber; aber der Schwager Schrikel
wirkte so kräftig entgegen, daß ich in vierzehn
Tagen das Bett wieder verlaßen durfte. Bald darauf gieng ich nach Graben zum Bruder Louis, wo
ich die Zeit meiner Wiederherstellung sehr vergnügt zubrachte, und dann nach Mannheim, wo
das Bataillon wieder organisirt wurde. In dieser
schönen Stadt vergaßen wir gar bald das über-
standene Ungemach. In der anhaltenden Thätigkeit, welche unsere Geschäfte erforderten, fühlten
wir uns recht gesund; auch ließen wir an den
Ruhetagen auf Bällen und bei sonstigen Lustbarkeiten es uns recht wohl seyn.

Reproduktionen der Seiten 41 bis 43 aus dem Tagebuch des Carl Sachs. Fast durchgehend sind die Ortsnamen durch Unterstreichung hervorgehoben, außerdem sind alle Stationen mit dem Datum von ihm markiert worden.

der Synagoge; eine Illumination
daselbst und Juden-Gottesdienst;
Oberleutnant Schuster als Rabiner,
die Rede die er als solcher hielt.
22ten Sonnwend. 23ten Erze 24t Dom.
Ernem, 25ten Lastkrah in einem ¾
lastkrem Bauren-Hauß. — —
26ten Diarrhö im Wall 27ten Galimahera
28te Involenbl. Schon auf dem
Marsch sahen sahen wir auf der
Straße eine Menge todter Pferde
auch bisweilen eine menschlich-
ihre Leichname, unter andren
einen Schlitten mit einem

solchen, der so stark roch, daß man
ihn einen großen Haufen schon
gewachsen wußte. —

Als wir auch nun halbe Stunde
von Russland davon war die
Straße mit Leichen bedeckt, der
Gestank unerträglich, das Aussehen der Todten entsetzlich wie-
drig, denn die meisten waren
schwarz von der Pein geworden.

Wir wurden in die zerstörten Häuser der Vorstädten
gelegt und auch hier waren
stinkende Leichen und allent-

halben zur Seite; in dem Häus-
chen, das wir uns zunächst machten, lag ein Cavallerist mit
dem Vorderleib in einem
Loch; die Füße mit den großen
Stiefeln steckten ? in das enge
dunkle Hausgängchen, so daß
man jedesmal über ihn weg
steigen mußte wenn man
hinein wollte, und in einem
Dämmerchen lag ein ganz ver=
loschener Bürger. Erst nach 2 Tagen
hörten wir, daß wir länger
hier bleiben sollten, wenn

Anmerkungen

[1] Dömitz an der Elbe
[2] Kniebhof, so auch an anderer Stelle geschrieben, das spätere Gut Ottos von Bismarck?
[3] Verklebung und Verfilzung der langen Haare zu einer Masse durch länger andauernde Verlausung mit Exsudatbildung aus der wunden Epidermis und Läusekotansammlung.
[4] Smorgon
[5] Molodetschno
[6] Tolloczyn
[7] Orscha
[8] Dcibrowna
[9] Carl Sachs bezieht sich hier auf das Werk von Christian Niemeyer, Heldenbuch. Ein Denkmal in den Befreiungskriegen von 1808–1815, Leipzig 1817[2]. Wie an anderer Stelle deutlich wird, bezieht sich der Verfasser auf diese zweite Auflage.
[10] vgl. zu dieser Beschreibung das Aquarell von A. Hinzenegger.
[11] Schitschizy
[12] Beschenkowitschi
[13] vgl. Anm. 9
[14] Carl Sachs bezieht sich hier auf das Werk von Géneral Mis Georges de Chambray, Histoire de l'expedition de Russie, par M*** (de Chambray). Avec un atlas (par Brussel de Brulart) un plan de la bataille de la Moskwa et une vue du passage du Niémen, 3 Bände, Paris 1823.
[15] dieses von Carl Sachs zitierte Werk konnte bibliographisch nicht nachgewiesen werden.
[16] Carl Sachs bezieht sich hier auf das Werk von Louis Philippe de Ségur, Histoire de Napoléon et de la Grande armée pendant l'année 1812. Par le Comte de Ségur, Paris 1824.
[17] Carl Sachs bezieht sich hier vermutlich auf ein Werk von F. J. A. Schneidawind (so an anderer Stelle von ihm geschrieben), der mehrere Werke über die napoleonischen Kriege verfaßt hat.
[18] vgl. Anm. 9
[19] vgl. Anm. 17
[20] vgl. Anm. 14
[21] Johann Baptist Lingg (1765–1842) trat 1803 aus schwäbischem Kreisdienst als Major in den badischen Dienst über. Als badischer Jäger nahm er an den Feldzügen gegen Preußen, Österreich und Rußland teil. 1819 wurde er vom Kurfürst von Hessen in den Adelsstand erhoben. Näheres in: Führer durch

das Historische Museum Schloß Rastatt von Erich Blankenhorn,
3. Band, Karlsruhe 1962, S. 233.

22) vgl. Anm. 9

23) moderne Schreibweise: Nastuch, süddeutsch, schweizerisch für
Taschtentuch.

24) vgl. Anm. 14

25) vgl. Anm. 9

26) Diese, bezeichnenderweise undatiert eingeschobene Episode
kehrt als eine Art Topos in fast allen Tagebuchberichten über
den Rußlandfeldzug wieder.

27) vgl. Anm. 9

28) vgl. Anm. 14

29) vgl. Anm. 9

30) Wilhelm Graf von Hochberg (1792–1859), Führer der badischen Brigade im Rußlandfeldzug 1812.

31) vgl. Anm. 14

32) vgl. Anm. 17.

33) vgl. Anm. 14

34) Ludwig von Grolmann, Chef des Generalstabs der badischen
Truppen im Rußlandfeldzug.

35) Wilhelm von Cloßmann war bereits 1809 als badischer Haupt-
mann an der Niederschlagung des Tiroleraufstandes beteiligt.
Beim Übergang über die Beresina wurde ihm von seinem Diener
Sprich das Leben gerettet. Ein Bild, das beide während des
Feldzuges in Vorarlberg zeigt, wird im Wehrgeschichtlichen
Museum in Rastatt aufbewahrt. Näheres in: Führer durch das
Historische Museum Schloß Rastatt von Erich Blankenhorn, 3.
Band, Karlsruhe 1962, S. 240, 241.

36) Der badische Hauptmann Carl Friedrich Pfnor vom 2. Regiment
war während des Rußlandfeldzuges mit der Aufgabe betraut,
den Kriegsschatz Kaiser Napoleons zu bewachen. Näheres in:
ebda S. 254, 255.

37) Allenburg

38) Preußisch Eylau

39) Tuchel

40) Deutsch-Krone